シリーズ〈言語表現とコミュニケーション〉

●監修● 中野弘三・中島信夫・東森 勲

2

対話表現は
なぜ必要なのか
―最新の理論で考える―

東森 勲 [編]

朝倉書店

シリーズ監修

中野 弘三（なかの ひろぞう）　名古屋大学名誉教授
中島 信夫（なかしま のぶお）　甲南大学名誉教授
東森 勲（ひがし もり いさお）　龍谷大学文学部教授

本書編集

東森 勲（ひがし もり いさお）　龍谷大学文学部教授

執筆者（執筆順）

東森 勲（ひがし もり いさお）　龍谷大学文学部教授
柏本 吉章（かしもと よしあき）　神戸松蔭女子学院大学文学部教授
塩田 英子（しおた えいこ）　龍谷大学文学部特任講師
大津 隆広（おおつ たかひろ）　九州大学大学院言語文化研究院教授
村田 和代（むらた かずよ）　龍谷大学政策学部教授
米倉 よう子（よねくら ようこ）　奈良教育大学教育学部准教授
尾谷 昌則（おだに まさのり）　法政大学文学部教授

刊行のことば

　言語の研究は，語用論の研究が盛んになるに伴い，言語構造から言語使用へとその対象を広げつつある．言語使用を研究の対象とする語用論の中心課題は，言語表現とコミュニケーションの場（コンテキスト）の関係の解明であり，特に，コミュニケーションの場で言語表現の意味がどのように伝達されるか（あるいは，理解されるか），という意味伝達（理解）のプロセスの解明である．
　言語表現の意味をコミュニケーションの場との関係から考察することの重要性の一つは，コミュニケーションの場では言語表現の本来の意味（文字通りの意味）が変化する，すなわち，意味の拡大，縮小，比喩的拡張などが生じることである．このことは歴史的観点から見ても重要で，言語表現である（単）語の多義性も，ある期間コミュニケーションの場で用いられているうちに生じた変化の累積と見なすことができる．
　コミュニケーションの場での言語表現の意味を考察する重要性のもう一つは，コミュニケーションの場では言語表現は文字通りの意味だけでなく，「言外の意味」を伝えることである．そして「言外の意味」をくみ取る仕組みを解明することが語用論の重要な研究目標になっている．言外の意味をくみ取る仕組みの中心は「推論」（inference）で，これは「心の理論」（theory of mind）と呼ばれる人間の心の働きの一部と見なされる．推論に関しては，言語コミュニケーションにおいて働く推論は「関連性」（relevance）の原理に従って機能する，という説を主張する関連性理論（Relevance Theory）が現在大きな注目を集めている．
　さらに，今日の言語研究で「言語表現とコンテキストの関係」が重要なテーマと考えられる最大の理由は，コミュニケーションが成功するためには，言語表現がコミュニケーションの場に応じて適切に選択／解釈されることが必要不可欠だからである．なお，この「コミュニケーションの場に適した言語表現の選択／解

釈を行う」人間の能力を（応用）言語学では「語用論的能力」(pragmatic competence) ないしは「コミュニケーション能力」(communicative competence) と呼ぶ．上で述べた，コミュニケーションの場での言語表現の意味の（比喩的）拡張／縮小解釈や推論による言外の意味のくみ取りは，この語用論的（コミュニケーション）能力の働きと考えることができる．

　以上に述べた「言語表現とコンテキストの関係」の重要性を考慮して，本シリーズは，コミュニケーションの場で用いられた言語表現の意味の問題をさまざまな角度から検討しようと構想されたものである．本シリーズを特徴づけるキーワードは，「言語表現」，「コンテキスト（コミュニケーションの場）」，言語表現とコンテキストを結びつける「語用論的能力」の三つであり，本シリーズではこれらのキーワードに関わる問題を三つの巻に分けて扱う．言語表現を発話レベルと語（句）レベルに分けて，語（句）とコンテキストの関係を第1巻と第2巻で，発話とコンテキストの関係を第3巻で扱う．具体的には，第1巻では語の多義性とコンテキストの分析を中心に語の意味とコンテキストの関係を，第2巻では対話表現（法表現，談話標識，配慮表現など話し手の心的態度を表す表現）の意味機能を，第3巻ではコンテキストに応じた発話の解釈と発話行為の選択の問題を，それぞれ扱う．なお，「語用論的能力」は第3巻で一番詳しく扱うが，ほかの2巻の内容にもさまざまな形で関係する．

2017年2月

シリーズ監修者　　中野弘三・中島信夫・東森　勲

まえがき

　本書は，以下のような内容となっている．序章（東森 勲）の「対話表現とは」で，対話についての従来の定義などを概観し，対話が本書の各章とどのように関連するかが分かるように説明がなされている．第1章（柏本吉章）の「法表現」では，発話が表す事象の事実性にかかわる話し手の信念や判断を表す法助動詞と対話との関係が分析されている．第2章（塩田英子）の「婉曲表現」では，対話の用例を用いて，聞き手に不快感や困惑を与えることを避ける婉曲表現について関連性理論により分析されている．第3章（大津隆広）では「談話標識」は談話に含まれる発話間の意味関係や談話の構成・目的の理解を助ける手続き的意味として関連性理論の枠組みで分析されている．第4章（村田和代）の「配慮表現」では聞き手への敬意や配慮を示すための表現を中心に談話レベルにみられるポライトネスまで社会との関係で対話が考察されている．第5章（米倉よう子）の「対話表現と文法化」では英語の通時的なデータを用いて，言語変化と言語コミュニケーション，法助動詞の文法化，談話標識の発達などについて認知言語学的に分析が行われている．第6章（尾谷昌則）の「対話表現と若者言葉」では日本語の若者語をデータとして用いて，法表現と垣根言葉，談話標識，配慮表現，ネットスラングなどが認知言語学的視点で分析されている．

　シリーズ監修者の中野弘三先生，中島信夫先生には，原稿，校正に目を通していただき貴重なご助言をいただいた．この場を借りて感謝申し上げる．

　2017年2月

東　森　　勲

目　　次

序章：対話表現とは ………………………………………………………［東森　勲］… 1
　0.1　対話とは何か …………………………………………………………………… 1
　0.2　本書で扱う対話表現とは ……………………………………………………… 3
　0.3　本書で扱うトピックと新しい研究動向について …………………………… 6
　　0.3.1　Dialog と法助動詞 ………………………………………………………… 6
　　0.3.2　Dialog と婉曲表現 ………………………………………………………… 7
　　0.3.3　Dialog と談話標識 ………………………………………………………… 8
　　0.3.4　Dialog と丁寧表現 ………………………………………………………… 9
　　0.3.5　Dialog と談話標識の通時的研究 ………………………………………… 11
　　0.3.6　Dialog と若者語 …………………………………………………………… 12

〈第Ⅰ部　基礎編：対話表現の基本的問題〉

第1章　法　表　現 …………………………………………………［柏本吉章］… 18
　1.1　法表現とは ……………………………………………………………………… 18
　　1.1.1　法と法性 …………………………………………………………………… 18
　　1.1.2　法表現の種類 ……………………………………………………………… 20
　1.2　法助動詞の2種類の意味領域 ………………………………………………… 22
　1.3　法助動詞の文法と心理的意味 ………………………………………………… 25
　　1.3.1　過去形が表す意味 ………………………………………………………… 25
　　1.3.2　疑問文が表現する心理 …………………………………………………… 26
　1.4　法助動詞の意味1：認識的意味と主観性 …………………………………… 28
　　1.4.1　認識的意味の may と can ………………………………………………… 28
　　1.4.2　認識的法助動詞と対話表現 ……………………………………………… 29
　1.5　法助動詞の意味2：義務的意味と対人関係 ………………………………… 30

1.5.1　義務的意味の may と can, must と have to ………………… 30
　　1.5.2　義務的法助動詞と対人関係 ……………………………… 32
　1.6　法助動詞としての will と shall ………………………………… 34
　　1.6.1　未来表現と法表現 ………………………………………… 34
　　1.6.2　意志表現の will/shall と対人関係 ……………………… 36

第2章　婉曲表現 ……………………………………［塩田英子］… 41
　2.1　婉曲表現とはなにか ……………………………………………… 41
　　2.1.1　「婉曲」の方向性と定義 …………………………………… 41
　　2.1.2　婉曲的に表現される要素 …………………………………… 42
　　2.1.3　婉曲表現が用いられる理由 ………………………………… 45
　2.2　さまざまな婉曲表現 ……………………………………………… 48
　　2.2.1　婉曲表現の言語的特徴 ……………………………………… 48
　　2.2.2　言語的特徴 a：置き換え …………………………………… 49
　　2.2.3　言語的特徴 b：垣根言葉の挿入 …………………………… 53
　　2.2.4　言語的特徴 c：省略 ………………………………………… 55
　　2.2.5　言語的特徴 d：談話の間 …………………………………… 56
　2.3　婉曲表現の慣用性 ………………………………………………… 57
　　2.3.1　ことば遊びとしての婉曲表現 ……………………………… 57
　　2.3.2　慣用化と意味の希薄化 ……………………………………… 58
　　2.3.3　「婉曲」である必要性 ……………………………………… 60

第3章　対話における談話標識 ……………………………［大津隆広］… 64
　3.1　談話標識とは ……………………………………………………… 64
　3.2　制約する推論のタイプ …………………………………………… 66
　　3.2.1　前言の強化を意味する after all, in fact, indeed, actually ……… 66
　　3.2.2　前言の否認を意味する but, however, nevertheless ……… 69
　　3.2.3　結論を導入する so, then, therefore ………………………… 71
　　3.2.4　推論の道筋を示唆する you know と (you) see …………… 73
　　3.2.5　緩和を表す like と sort of ………………………………… 76

3.2.6　前言を言い直す in other words と I mean ……………… 80
　3.3　対話における談話標識とフィラーの組み合わせ ……………… 83
　　3.3.1　手続きの強化としての組み合わせ …………………… 84
　　3.3.2　補完しながら推論を構築する組み合わせ …………… 87

第4章　配慮表現 ……………………………………[村田和代]… 94
　4.1　ポライトネスについての概要 ……………………………… 95
　　　　ポライトネス理論の概要 ……………………………… 95
　4.2　相手に行為を指示する表現 ………………………………… 98
　　4.2.1　ストレートに言う ……………………………………… 98
　　4.2.2　依頼表現 ……………………………………………… 100
　4.3　相手に同意しない表現 ……………………………………… 103
　　4.3.1　不同意 ………………………………………………… 103
　　4.3.2　拒否 …………………………………………………… 107
　4.4　親しみを表す表現 …………………………………………… 108
　　4.4.1　お世辞（肯定的なコメント）………………………… 108
　　4.4.2　親愛表現 ……………………………………………… 110
　4.5　談話にみられる配慮表現 …………………………………… 111

〈第Ⅱ部　応用編：対話表現はいかに変化したか─英語史的変化と日本語若者言葉─〉

第5章　対話表現と文法化──事例研究 ……………[米倉よう子]… 118
　5.1　談話標識と文法化 …………………………………………… 118
　5.2　文法化とは …………………………………………………… 119
　5.3　談話標識機能と意味変化傾向 ……………………………… 121
　　5.3.1　談話標識とは ………………………………………… 121
　　5.3.2　談話標識と意味変化傾向 …………………………… 121
　5.4　談話標識の発達をめぐる二つの立場 ……………………… 123
　　5.4.1　立場1：談話標識の発達は文法化の例である ……… 124
　　5.4.2　立場2：談話標識の発達は語用論化の例である …… 126
　5.5　スコープの拡大と文法化 …………………………………… 129

5.5.1　単方向仮説の反例 ………………………………………… 130
　　5.5.2　文法化と拡大 …………………………………………… 132
　　5.5.3　then の談話標識用法と拡大 ……………………………… 133

第6章　対話表現と若者言葉 ……………………………[尾谷昌則]… 139
　6.1　法表現と垣根言葉 ……………………………………………… 139
　6.2　談　話　標　識 ………………………………………………… 148
　6.3　配　慮　表　現 ………………………………………………… 152
　6.4　ネットスラング ………………………………………………… 155

索　　　引 ……………………………………………………………… 163
英和対照用語一覧 ……………………………………………………… 167

序章　対話表現とは

東森　勲

　対話（dialog, dialogue）とは何かをめぐる理論的な側面を概観し，本書全体で扱うトピックの対話例と分析例と最新の情報について少し触れておこう．

◆ 0.1　対話とは何か

　対話を理論的に扱ったものはあまり多くないが，以下で従来の捉え方を外観する．

a.　言語学的な「対話」の定義

Crystal（1994: 294-297）では対話の特徴を以下のように述べている．
（ⅰ）対話では典型的に二人が関与する（(typically) two people are involved）．

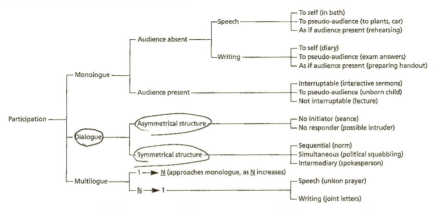

図 0.1　参加者がいろいろ入り混じったテキストの分類（Crystal 1994: 297）

対話の本質は（質問の形式などで）参与者がお互いに返答（response）することである．
（ⅱ）外国語学習者の対話と自然な英会話での対話表現には，かなりの違いがある．
（ⅲ）話し言葉による対話では日常のくだけた会話が典型例である．書き言葉による対話例ではアンケートや登録用紙の形式も対話的（dialogic）であり，返答を引き出すのが目的であり，この形式が特殊な対話なのは，一人の参与者がすべての質問を尋ねるところにある．
（ⅳ）演劇のスクリプトや，日常会話の教科書は対話としては，不自然で，完全な文でのやりとりであり，質問するとかならず答えるというやりとりとなる．一方，自然な対話では，途中で割り込みあり，言ったことを聞いていない場合あり，質問しても答えない場合など，バランスのとれていない不均衡（asymmetrical）な対話であることもある．
（ⅴ）一人で話しているように一見みえるが，実は，裏にだれかが想定されて（the participant is imagining someone else to be present）対話となる場合を均衡のとれていない対話（asymmetrical dialogue）という．均衡のとれた対話（symmetrical dialogue）の例としては話し言葉では政党間の公開討論会などがある．

b. 社会言語学的な「対話」と「会話」の定義

次に「対話」と「会話」について社会言語学的な定義を参考までに見てみよう．
松村明編（1988）『大辞林』三省堂では，対話を「<u>双方向かい合って話をすること．また，その話</u>」と定義している．

鎌田修・嶋田和子編（2012: 10, 31, 60）『対話とプロフィシェンシー』凡人社では次の（ⅰ）〜（ⅲ）のように定義している．
（ⅰ）<u>「対話」とは，お互いのことをあまりよく知らないもの同士が，「知らない」ということを前提として行う意識的なコミュニケーション．</u>
「会話」とは，お互いの事情をよく知ったもの同士の気軽で気楽なおしゃべり．
（ⅱ）「対話」＝<u>あまり親しくない人同士の価値や情報の交換，あるいは親しい人同士でも価値観が異なるときに起こる価値のすり合わせなど．</u>

「会話」= 価値観や生活習慣なども近い，親しい人同士のおしゃべり．
(ⅲ) 対話：ソト向き　繰り返しが多い　説明が多い　　対立的
　　 会話：ウチ向き　省略が多い　　　説明が少ない　妥協的

c. Fetzer (2014) による「対話」の定義

Irrespective of the different goals and purposes, <u>dialogue is commonly seen as jointly produced by minimally one speaker and one addressee, representing an instance of collaborative action</u>...　　　　（Fetzer 2014: 47）（下線筆者）

◆0.2　本書で扱う対話表現とは

　対話表現を本書ではどのように捉えるか実例をあげながら，全体の方向性を示す．結論から言えば，本書で対話表現として例文を用いるときには，単なる文の分析をするのではなく，<u>具体的な状況のなかで二人（以上）の人が情報をやりとりしているものを対話（表現）と考える</u>．

(1)　A: Excuse me, but could you take a photo of us?
　　 B: OK.　　　　　　　　　　　　　　　　　　　（秋川 2005: 10）

ではABの二人のやりとりの場合である (cf. symmetrical dialogue)．相手に依頼するのにCould youを用いている．Can youよりも丁寧な法助動詞の表現となっている（第1章法表現参照）．

(2)　【場面】お母さんが，道で小さな子供が落ちていたものを拾って口にいれたのを見て
　　 Mother (to Child): Absolutely no!

この例も，母親の発話 Absolutely no（絶対にだめ）だけであるが，これは母と子の対話の一部と考える（cf. asymmetrical dialogue）．

(3)　That was no slight scratch, and yet ... I'm stuck here waiting for him to kick the bucket.　　　　　　　　　　　　　　　　（手塚 2005-2007, Vol.7: 63）

この例で kick the bucket をブッダが死ぬことを指してアヒンサーという悪党が用いている．ブッダを狙って弓矢をはなって，もうすこしで，殺すところまでいった犯人，アヒンサーのひとりごとのようにも見えるが，暗にブッダ（仮想の聞き手）に向かって見下げて kick the bucket（「くたばる」の意）の婉曲表現を用いているので，この例も，対話と考える．

(4) Marty: Look at the car, Dad. <u>I mean</u>, he wrecked it. He totaled it. I needed that car tomorrow night, Dad. <u>I mean</u>, do you have any idea how important this was to me? Do you have any clue?
George: I know, and all I can say is I'm … I'm sorry.
(映画 *Back to the Future*, 18)（下線筆者）

この場面は，息子 Marty と父 George の対話である．Marty は父 George の車をかりて，ガールフレンドとデートする予定のところ，父の車が父の友達に貸して事故で潰されてしまったのである．息子が父に向かってどうしてくれると，文句をいっているところである．2回も談話標識（discourse marker）として I mean が用いられている．*Practical Genius*, p.955 によると，I mean は「話し手が自分の主張を明確にするために補足説明したり，主に意味的な誤りを訂正する」に用いるという．ここでは，「お父さん，（つぶれた）車を見て」と Marty は言ったが，父親が自分の言いたいことをうまく理解してくれていないと分かり，「父の友達が車を潰してしまったんだ」と I mean をその直前に用いて，「もっと分かるようにこのあとに言います」という手続き的意味（procedural meaning）を示すと考えられる．「あすの晩に車が必要だったのに」と言ったが，父にもっとはっきりと言って理解してもらうため，2度目の I mean を用いて，「あすの晩のデートは僕にとってはとても大切だったのにお父さん分かる？」と父親に伝えたい内容を分かりやすく言い直している．I mean は談話標識の一つであり，yeah, like, oh, you know, well, ok とともに使用頻度の高いものである（第3章参照）．

(5) How to be polite
 1. Wrong: Help!
 2. Right: Excuse me, Sir. I'm terribly sorry to bother you, but I wonder if you

would mind helping me a moment, as long as it's no trouble, of course.

(Ford and Legon 2003: 13)

　この図は，犬を散歩させている紳士に向かっての，川に落ちて助けを求めている人の対話表現で，イギリスでは 1. Help!（助けて！）と直接的に言うのは丁寧な表現では間違いで，右側 2 のように間接的に長く，丁寧に言うのがよいとしている．溺れかけた人が，紳士から浮き輪をなげて助けてもらうには，こんなに長い丁寧表現を言う余裕はないように思われるが，これはイギリス人のバカ丁寧さを笑いのネタにしたものである（第 4 章参照）．

(6)「私って，ケーキ好きじゃないですか．」

　これは話し手が若者である聞き手との対話である．「自分の性質や性格について，話し相手と知識を共有しているということを勝手に想定し，共通の背景知識の上で会話を円滑に進めようとする手法であると思われるが，同時に自分の性格や性質などのいわば「個人情報」を直接主張するのを回避する，婉曲的な言語表現であるといえる．こうした，断言，断定を避ける一種の婉曲表現は，実は，伝統的な日本語の語用論的手法である．」（桑本 2010: 27）（第 5 章参照）

(7)「タイ料理って好き？」――「ビミョウ」　　　　　　　　　（桑本 2010: 38）
(8) あの子は <u>KY</u> だから嫌われている（She's never knows what's going on around her. So people find her difficult to deal with.）　　　　　（ダッチャー 2009: 73）

(9) 金メダルがとれなくてめっちゃ悔しい（I could kill myself for not getting the gold.） （ダッチャー 2009: 219）

以上の(6)〜(9)も話し手が若者であり，ある聞き手に向かっての対話表現と考える（第6章参照）．

◆ 0.3　本書で扱うトピックと新しい研究動向について

0.3.1　Dialog と法助動詞
a.　英語圏での依頼表現の例（水谷 2015）
【場面】アメリカ中流家族の対話例で，teenager の少女が家庭の食卓で 3, 4 歳年下の妹に向かって．

(10) Could I have the lemon after you, Connie?　　　　（水谷 2015: 117）

日本語であれば妹に対しては「レモン，まわして」のようなぞんざいな言い方をするのが普通であろうが英語圏では(10)のように言う場合がある．
【場面】9歳ぐらいの子供が家族に向かっての対話例．

(11) May I have the salt, please?

依頼には please をつける．アメリカの小学校で生徒が先生に頼むときには Can I ...? と言うと，先生は May I...? と言いなさいの注意をすることがある．
b.　法助動詞の新しい分析方法（Depraetere 2014）
理論的にはモダリテイは通例大きく二つのタイプに分類される．認識モダリテイ〈蓋然性のモダリテイ〉と義務モダリテイ〈必要性と義務性のモダリテイ〉である（Norman 2003（日本メデイア英語学会メデイア英語談話分析研究分科会訳 2012: 318））．すなわち，法助動詞 MAY などは最初から2義的と分析する．それに対して関連性理論では法助動詞は意味論的には本来，単義的と分析され（Papafragou 1998, 2000 など）その意味の多義性は語用論的推論により説明される．最新の関連性理論の論文 Depraetere（2014）では三層構造を提案し（a context-

independent semantic layer, a context-dependent semantic layer, a pragmatic layer, context-dependent semantic layer), 意味の決定には, saturation, free pragmatic enrichment が関わるとしている.

0.3.2　Dialog と婉曲表現（第2章参照）
a.　「死ぬ」を表す婉曲表現の実例

ある事や物を，好印象を与えるように言い換えることを euphemism（婉曲語法，婉曲語句，遠回し表現）と言う.

「死ぬ」ということに関わる表現を手塚治虫『ブッダ』から集めてみた.

(12)　ナラダッタさまがいましがた<u>なくなった</u>　　　　（手塚1993, 11巻：236）
　　　英訳：Naradatta <u>passed away</u> a little while ago.　（手塚2005-7, Vol.8: 72）
(13)　あれだけの深手をおっているのに…おかげでこちとらも<u>見とどける</u>ために足をとめた　　　　　　　　　　　　　　　　　　　　　　　（手塚1993, 10巻：59）
　　　英訳：That was no slight scratch, and yet … I'm stuck here waiting for him to <u>kick the bucket</u>.　　　　　　　　　　　（手塚2005-7, Vol.7: 63）
(14)　かならず<u>死ぬ</u>のにそれをこわがるのはむだではないか？
　　　　　　　　　　　　　　　　　　　　　　　　　　　（手塚1993, 11巻：259）
　　　英訳：There's no point in fearing <u>the inevitable</u>, don't you think?
　　　　　　　　　　　　　　　　　　　　　　　　　　（手塚2005-7, Vol.8: 95）
(15)　ご臨終じゃ　　　　　　　　　　　　　　　　　　（手塚1993, 6巻：85）
　　　英訳：She has <u>passed</u>.　　　　　　　　　　　（手塚2005-7, Vol.4: 201）
(16)　わしをこの世に残して<u>旅だった</u>？わしはどうすればよいのだ
　　　　　　　　　　　　　　　　　　　　　　　　　　（手塚1993, 12巻：217）
　　　英訳：Why did you leave me behind? Why did you <u>go</u>? What am I to do?
　　　　　　　　　　　　　　　　　　　　　　　　　　（手塚2005-7, Vol.8: 327）

日英語で「死ぬ」は(12)～(16)では,「なくなる」「見とどける」「旅立つ」英訳では pass away, kick the bucket, the inevitable, pass, go などの言語表現があり, なぜこのように言うかという説明が求められる.

b. 婉曲表現の新しい研究方法（Google Ngram）

（17）Rain forest を jungle の婉曲表現として使用する．Wetlands fever を jungle fever の婉曲表現として使用する　　　　　　　　　　　　　　（渡部 1994: 57）

以上(17)の jungle, rain forest の婉曲表現を Google Ngram で検索すると次のようになる．1920 年頃より rain forest（熱帯雨林）が使用され始め，2000 年まで増えている．一方，1950 年以降 jungle という語の使用が減少していることが分かる．

図 0.2　Google Ngram（jungle, rain forest）検索結果
Google Ngram Viewer: https://books.google.com/ngrams 〈アクセス 2016/03/22〉

（18）Cancer の婉曲表現 terminally ill の検索　　　（参考：Chunming 2013: 2311）

1970 年以降少しづつ terminally ill の使用は増加し，cancer は 2000 年でもかなり使用されていることが分かる．Google Ngram で検索すると，時間軸に沿って，婉曲表現がどのように使用されているかを研究ができる．また，このような euphemisms が氾濫すると，反婉曲語法（dysphemism）もでてくるのでその研究も必要となる．

0.3.3　Dialog と談話標識
a.　「けど」の英訳
水谷（2015: 80）によれば，「けど」「でも」「が」を合わせた総数 156 にあたる

0.3 本書で扱うトピックと新しい研究動向について

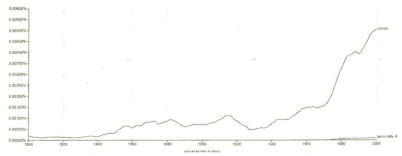

図 **0.3** Google Ngram (cancer, terminally ill) 検索結果
Google Ngram Viewer: https://books.google.com/ngrams〈アクセス 2016/03/22〉

英訳は,but 79,though 12,その他 15,あわせて 106.訳出されないものは 50 で,約 32%に当たる.

(19) ぼくはどうせなまけ者だから,ちょっと本気にできないだろうけど.(I'm a sort of a lazy type, so you might not take me all that seriously.)　　(水谷 2015: 80)

このように日英語の談話標識と翻訳の問題も研究課題として興味深い.
　b. 談話標識の新しい用法の研究（参照：日本語の「ていうか」の使用など）
　英語の談話標識 LIKE, BE LIKE など新用法の研究が必要であることが以下の引用で示されている.

　　It is also the case that 'new' pragmatic markers (or uses of pragmatic markers) travel quickly to other varieties. *Like* and *be like* (the latter referred to as an innovation in American English) 'are among the fastest-spreading constructions in English today' (Mair 2009: 22). *Be like* is for instance spreading in American English and is reported as an innovation, for example, in Australian and Canadian English …　　(Aijmer 2013: 3)

0.3.4　Dialog と丁寧表現
　a. 丁寧さと罵り語（swear-word）の研究

(20)「てやんでえ」というのは「何をいわれるか」といいなおせ

「犬のクソ」は「ワンちゃんの落としもの」とでもいうんだ.
手塚 1993, 7巻：25（英訳：Say "How dare you" instead of "Fuck that." "Dog shit" is "Dog dropping."   （手塚 2005-7, Vol.5: 27）

ここでの口汚い言葉「てやんでえ」を英訳で Fuck that. となっている.
以下はイギリスのサッカー選手がテレビカメラに向かって罵り語を用いたことに関する最新の論文である.

(21) We hired expert lip readers to scan live games and highlights on TV for players using obscene language. Newcastle skipper Joey Barton told the ref, the opposition and even his own players to "f*** off", while Wolves boss Mick McCarthy was spotted telling one of his players to "f*****g stay there". [...] Former team-mate Gary Neville defended him [Rooney], saying: "If swearing is a crime worthy of a two-game ban, there will be nobody left on the pitch." [my italics] (Foul! Wayne Rooney isn't the only one swearing for the camera as one weekend of TV football shows. The Mirror April 12, 2011)   (Christie 2013: 163)

このようにサッカーという限られた領域のなかでは罵り語が多発されるのは，阪神タイガースの試合でのやじと同様に丁寧さではどのような研究となるかが問題である.

b. 親しさの rudeness/impoliteness の研究
三宅和子（2001）での BBC のクイズ番組 The Weakest Link は, 一般常識問題に9人で答え協力して賞金を蓄える9回の各ラウンドごとに最も出来の悪い回答者を投票で蹴落とし，生き残った一人だけが全賞金を獲得するサバイバルゲームである.

【司会者のストラテジー】
(22) 相手の教養程度をあざわらう
    Anne: Johnathon, despite the fact that one of the other contestants can't even spell your name correctly, they have voted YOU the Weakest Link. Goodbye.

【回答者のストラテジー】
(23) 仲間がいかに無能であるかを述べる
　　　Anne: Why Mavis?
　　　Matt: She got the most questions wrong.

このように丁寧でない失礼な表現研究とともに，親しさの rudeness/impoliteness の研究も必要である．

0.3.5　Dialog と談話標識の通時的研究
a.　エリザベス朝英語と現代英語の談話標識の比較
エリザベス朝英語における談話標識と考えられているもの
　　　Group A:　ay, nay, yet, and, but, alas, tut, hark, well, o, ha, I say, I speak, I warrant, I trow, I protest, I assure you
　　　　　　　　　　　　　　　(cf. Jucker 1997: 103, Blake 1992-3: 86-88)
現代英語における談話標識として考えられているもの
　　　Group B:　actually, after all, ah, almost, and, and 〈stuff, things〉 like that, basically, because, but, go 'say', if, I mean, I think, just, like, mind you, moreover, now, oh, o.k, or, really, right/all right/ that's right, say, so, sort of/kind of, then, therefore, uh huh, well, yes/no, you know, you see
　　　　　　　　　　　　　　　　　　　　　　　(cf. Brinton 1996: 279-281)

b.　談話標識と文法化
like の文法化では

Grammaticalization of *like*

Propositional　　　Textual　　　　　　Interpersonal
like (PREP) ─→ CONJUNCTION ─→ DISCOURSE MARKER
　　　　　　　　　　　　　　　　　　　QUOTATIVE COMPLEMENT

Syntactically fixed　　　　　　　syntactically free
　　　　　　　　　　　　　　　　　　　(cf. Brinton 1996: 62)

LIKE の意味変化は認知的には次のように考えられる．
LIKE-1：〈概念的〉な意味で similarity を表し，外観や性質が同じような状態

を記述する形容詞用法．OED²-CD-ROM では形容詞の初出年は1200年となっている．

LIKE-2：この similarity という〈概念的〉意味を保持しながら，比較対照を NP に限定すると，前置詞用法となる．

LIKE-3：さらにこの similarity という〈概念的〉意味の比較対照を文 S に限定すると，接続詞用法となる．

LIKE-4：さらに，文と文を結びつける要素から，談話標識として，「LIKE に後続する表現はおおざっぱな内容ですよ」という近似値をのべたり，別のことを暗に示したり，これから示しますよ（フィラー）という役目を果たす〈手続的〉意味を表すようになる．

(24) a. It's *like* Doc always says ...　　　　　（映画 *Back to the Future*: 18)
　　 b. I decided that I'd go and, *like*, take a picture of him while he was in the shower.　　　　　　　　　　　　　　　　　　　　(*COBUILD²*)

0.3.6　Dialog と若者語（第6章参照）

a.　若者語の特徴

桑本裕二（2010: 24-27, 87）によると，若者ことばの四つの特徴は，1. 曖昧な語彙の意味，2. 過度な省略，3. アルファベットや英語の使用，4. 過度な分類であるという．アド変，あけおめ，KY など以外に次のような表現がある．

(25)「私（わたし）的にはそれは OK.」
　　　　　　　　　　〈「的」：本来は漢語に生産的につく接尾辞的要素〉
(26)「友達とかにも相談してみた．」
　　　　　　　〈「とか」：友達以外に相談していなければおかしな印象となってしまう〉
(27)「財布を落とされたようですが」　　　　　　　〈よう：ぼかし表現〉
(28)「その映画，フツーにおもしろかったよ．」　〈特徴がなくつまらない〉
(29)「わたし，キホン朝ご飯抜きだから」
　　　　　　　　〈自らの行動をまともな状態に正当化するような傾向〉

b. 新しい談話標識「〜ていうか」の分析

(30) 黙って料理を食べているときに，急に
 「ていうか，このサラダ，おいしいね.」 　　　　　　（日本語教育学会編 2005）

(30)のていうかは，会話文の冒頭で出てきて，話の切り出しの前置きである．先行発話がないが，聞き手に対して話し手は命題内容をすでに獲得済みの情報として扱うので本書では対話とこの例もみなす．

(31) その後，飯でも食おう，というアマの提案でシバさんは少し早く店を閉めた．三人で外を歩くと，通り過ぎる人がみんな道を空けた．
 「いやー，やっぱシバさんと歩くとみんな振り返りますね」
 「お前の方が目立つだろ，そんなギャングみてーなカッコして」
 「何言ってんすか，シバさんなんかパンクじゃないっすか」
 「ていうか二人とも怖いから」
 私の言葉に二人は口をつぐんだ． 　　　　　　　　　　　（金原 2004: 64）
〈(31)のていうかは対話のなかの話の切り出しの用法.〉
(32) アマが発見されてから，シバさんのところにお世話になる事にして私は，何度となくシバさんとこんなやりとりをした．会話にならねえ…シバさんはいつもそう言って舌打ちをした．司法解剖の結果，死因は首を絞められたことによる窒息死．何とか反応がどうこうで，身体につけられた傷は全く生きている内につけられた事が分かった．へえ，ていうか，早く犯人みつけろよ．アマがどうやって殺されたかなんて事よりも犯人が誰かが知りたいんだよ．
　　　　　　　　　　　　　　　　　　　　　　　　　　　（金原 2004: 110）
〈(32)のていうかは小説の地の文の独話における話の切り出しの用法〉
　　　　　　　　　　　　　　　　　　　　　　（参考：趙剛 2007: 1-12）

まとめ

この序論では，談話表現の捉え方と，本書で扱うトピックの問題点と研究課題を少し述べてみた．

📖 文 献

参考文献

鎌田修・嶋田和子（編）(2012)『対話とプロフィシェンシー』凡人社.
桑本裕二 (2010)『若者ことば不思議のヒミツ』秋田魁新報社.
趙剛 (2007)「談話標識「というか」の用法と機能」『日本言語文化研究』10: 1-12.
永田友市 (1992)「婉曲表現」『表現研究』55: 57-66.
松村明（編）(1988)『大辞林』三省堂.
水谷信子 (2015)『感じのよい英語　感じのよい日本語：日英比較コミュニケーション文法』くろしお出版.
三宅和子 (2001)「イギリス英語のポライトネス～ポライトな社会での無作法の愉しみ方～」日本英語学会第19回大会にて口頭発表.
渡部昇一 (1994)「アングロ・サクソン文明落穂集：最新のアメリカ語の婉曲表現 (euphemisms)」『英語教育』42(14): 57
Aijmer, Karin (2013) *Understanding Pragmatic Markers: A Variational Pragmatic Approach*, Edinburgh: Edinburgh University Press.
Allot, Nicholas (2010) *Key Terms in Pragmatics*, London: Bloomsbury Academic.
Andersen, G. (1998) "The Pragmatic Marker *like* from a Relevance-theoretic Perspective," in A. H. Jucker and Y. Ziv (eds.) *Discourse Markers: Descriptions and Theory*, Amsterdam: John Benjamins, 147-170.
Apps, Judy (2015) *The Art of Conversation: Change Your Life with Confident Communication*, Capstone: A Wiley Brand.
Blake, N. (1992-3) "Shakespeare and Discourse," *Stylistica* 2/3: 81-90.
Brinton, L.J. (1996) *Pragmatic Markers in English: Grammaticalization and Discourse Functions*, Berlin: Mouton de Gruyter.
Christie, C. (2013) "The Relevance of Taboo Language: An Analysis of the Indexical Values of Swearwords," *Journal of Pragmatics* 58: 152-169.
Chunming, Gao (2013) "A Sociolinguistic Study of English Taboo Language," *Theory and Practice in Language Studies* 3(12): 2310-2314.
Crystal, David (1994) *The Cambridge Encyclopedia of the English Language*, Cambridge: Cambridge University Press.
Depraetere, Ilse (2014) "Modals and Lexically-regulated Saturation," *Journal of Pragmatics* 71: 160-177.
Fetzer, Anita (2014) "Conceputalising Discourse," in Klaus P. Schnider and Anne Barron (eds.) *Pragmatics of Discourse*, Berlin, Mouton De Gruyter, 45-61.
Huang, Yan (2012) *The Oxford Dictionary of Pragmatics*, Oxford: Oxford University Press.
Mair, C. (2009) "Corpus Linguistics Meets Sociolinguistics: The Role of Corpus Evidence in the Study of Sociolinguistic Variation and Change," in A. Renouf and A. Kehoe (eds.) *Corpus Linguistics: Refinements and Reassessments*, Amsterdam and New York: Rodopi,

7-32.

Nicolle, S. (1998) "A Relevance Theory Perspective on Grammaticalization," *Cognitive Linguistics* 9: 1-35.

Norman, Fairclough (2003) *Analysing Discourse: Textual Analysis for Social Research*, London: Routledge (日本メデイア英語学会メデイア英語談話分析研究分科会訳 (2012)『デイスコースを分析する：社会研究のためのテクスト分析』くろしお出版).

Papafragou, Anna (1998) "Inference and Word Meaning: The Case of Modal Auxiliaries," *Lingua* 105: 1-47.

Papafragou, Anna (2000) *Modality: Issues in the Semantics-Pragmatics Interface*, Oxford: Elsevier Science.

Traugott, Elizabeth Closs and Richard B. Dasher (2002) *Regularity in Semantic Change*, Cambridge: Cambridge University Press.

Warren, Beatrice (1992) "What Euphemisms Tell Us about the Interpretation of Words," *Studia Linguistica* 46(2): 128-172.

引用文献

秋川りす (2005) *OL Revolution 1*，講談社英語文庫．

金原ひとみ (2004)『蛇にピアス』集英社．

小西友七・東森勲 (編) (2004)『プラクテイカルジーニアス英和辞典』大修館書店．

ダッチャー，デイヴィッド・P編 (2009)『いまどきのニホン語和英辞典』研究社．

手塚治虫 (1993)『ブッダ』6，7，11，12巻，潮ビジュアル文庫．

手塚治虫 (2005-2007) *Buddha*, Vol.4, 5, 7, 8, NewYork: Vertical.

日本語教育学会編 (2005)『新版日本語教育事典』大修館書店．

Ford, Marty and Peter Legon (2003) *The How to Be British Collection*, Brighton: Lee Gone Publications.

映 画

Back to the Future (1998)『バック・トゥ・ザ・フューチャー』スクリーンプレイ．

第Ⅰ部　基礎編

対話表現の基本的問題

第1章 法表現

柏本吉章

◆ 1.1 法表現とは

1.1.1 法と法性

この章では法助動詞（modal auxiliary）に代表されるような，発話に伴う話し手の心的態度（mental attitude）の表現や聞き手に対する話し手の働きかけの表現をそのおもな機能とする法表現（modal expression）を扱う．

法表現の基盤となる法（mood），および法性（modality）の概念は，いわゆる伝統文法における各種の記述を含めて，常に多くの研究によって焦点が当てられ，その本質の解明を目指して，さまざまな方向からの接近がなされている．特に，その具体的現象としての法助動詞（may, can, must, should, would など）の意味・用法に関しては，多様な枠組みでの研究が行われ，数多くの研究者が紙片を割いて種々の分析を提示している．

英語の法表現と認められるものの中には，いわゆる仮定法（subjunctive mood）や，命令文・疑問文のような文形式による意味区別など，文法範疇による表現が見られるほかに，多くの語彙的な表現が含まれる．たとえば probably, surely, perhaps などの法副詞（modal adverb）や I think, I suppose, it seems のような挿入表現（parenthetical expression）など，英語の法表現には多様な形式や範疇のものが混在する．そして，各種の法表現の意味機能を総合するものとしての法・法性の概念は，決して明瞭な姿でとらえられているとは言えない．法・法性をどう定義するのか，研究の枠組みや視点の違い，また，取り扱う対象のずれなどがあり，提案されているさまざまな定義づけの中に確定的なものを見出すことは難しい．

ここで，この章での議論が前提とする法・法性の概念のとらえ方を確認しておきたい．次の(1)(2)の例に見られる法表現のあり方を比べてみよう．

(1) a. Submit your job report as soon as possible.
　　b. You must submit your job report as soon as possible.
(2) a. Take as many candies as you like.
　　b. You can take as many candies as you like.

たとえば，上司の部下に対する発話を想定するとき，(1a, b)は，ともに話し手による「命令・指令」を表すものとして，その意味はほぼ等価であると考えられる．一方で，母親が子どもに向けた発話としての(2a, b)では，ともに聞き手に対する働きかけとしての「許可」の行為が行われている．各組の法表現は，文法と語彙という異なる範疇の表現が，話し手の聞き手に対する働きかけの表現として，その機能を共有するものであることを示している．

(1a)(2a)の文形式としての命令文は，命令行為を典型とするさまざまな指示的働きかけを表す文法範疇である．伝統文法の多くにおいて，文法範疇による話し手の心的態度の表現は，「法」の概念によって記述され，命令文，疑問文などの文形式による意味区別も，「命令法」，「疑問法」など，法表現の一種としてとらえられている．

一方で，(1b)(2b)のような法助動詞を含む文は，命令，要求，許可などの話し手による働きかけを，語彙的な意味によって表現するものである．法助動詞などの語彙範疇による話し手の心態表現は，文法による基本的な意味区別を語彙表現の細やかな意味区分によって補うものと考えられ，文法範疇による「法」の区別に対して，その調節を図るものとして，「法性」の概念によって記述される．

同様に，文法範疇としての仮定法は，事実・反事実という事柄の事実性に関する二分法をとらえる法表現であるのに対して，may や must などの法助動詞による表現は，事実性についての話し手の判断をより細やかに区別する認識的な法性の表現となる．

(3) I wish he *had been* there with her.
(4) He *may/must* have been there with her.

(3)の仮定法を用いた反事実の表現に対し，(4)の法助動詞による表現は，事柄の事実性に関する話し手の認識の度合いをとらえるものである．

言語表現に伴う話し手のさまざまな心的態度のモード・態様（mode）の設定装置として，限られた文法形式によって基本設定を行う「法」の表現があり，一方で，その基本設定を各種の語彙表現によって調節する「法性」の表現がある．この章では，このような法・法性の概念を前提として，対話表現において際立って重要な働きをする法助動詞の機能に注目し，コミュニケーション活動における法表現の重要な役割を明らかにしたい．

1.1.2 法表現の種類

英語において最も重要な法表現は，may, can, must, should, would などによって代表される法助動詞である．英語の法助動詞は，精密な論理的意味の体系に基づいて事象の様相を表現するだけでなく，発話に伴う話し手のさまざまな心的態度の表現となり，また，コミュニケーション場面における対人関係に関わる表現として機能するものともなる．多様な側面を持つ法助動詞の各種の意味機能については，次節以降の議論で詳しく考察したい．

法助動詞以外の代表的な法表現としては，いわゆる文副詞の一種である法副詞があげられる．中右（1980）における文副詞の分類などを参考にして，ここでは，法的意味を持つ主要な文副詞には，次のような種類の表現があると考える．

(5) (A) 真偽判断の副詞 (perhaps, maybe, probably, surely, undoubtedly など)
  a. *Perhaps*, it will rain this afternoon.
  b. You will *surely* win the first prize.
 (B) 価値判断の副詞 (fortunately, happily, surprisingly, to my regret など)
  a. *Fortunately*, we have a lot of nice friends.
  b. I missed his final concert, *to my regret*.
 (C) 発話行為の副詞 (honestly, frankly, seriously, to be frank など)
  a. *Honestly*, you should not speak a lot to your boss.
  b. *To be frank*, you're too careful with your words.

法表現の一種とみなされるこれらの副詞表現には，法助動詞には見られない多彩

な意味機能が観察される．発話が表す事柄の真偽判断に関わる意味のほか，物事の善悪や好き嫌いに関する価値判断，さらに，発話によって遂行される発話行為 (speech act) のあり方に関わる意味など，法副詞が示す多様な心理的意味は，法性の概念がとらえる広範な意味の可能性を示唆するものである．

また，典型的な法表現とされるものの一つに，認識に関わる動詞・述語を用いた挿入表現がある．

(6) a. All the doors were locked last night, *I think*.
　　b. You will win the game, *I'm sure*.
　　c. There was something weird, *it seems*, with his words.
　　d. I *suppose* he had nothing to do with the case.

原則として一人称の主語と認識的意味の動詞・述語の単純現在形で構成される挿入表現は，文中や文末にあるものだけでなく，文頭に置かれるものも含めて，事柄の事実性に関する話し手の心的な態度を表現するものであり，同時に発話としての断定の力を緩和する働きをするものと考えられる．

次の (7) (8) の文による発話の機能を比べてみよう．優れたエンジニアとして友人を推薦する発言となる (7) に対し，(8a-c) の発話は，いずれも言質を与えず説得力に欠ける発言となる．

(7) John is an excellent engineer.
(8) a. John *must* be an excellent engineer.
　　b. *Probably*, John is an excellent engineer.
　　c. John is an excellent engineer, *I suppose*.

法助動詞，法副詞，挿入表現は，発話時における話し手の心的態度を映す表現として，その法的機能を共有していることが分かる．

各種の法表現は，しばしば一つの文中に共起することがある．

(9) a. He *may* claim, *perhaps*, that he was not there with her.
　　b. John *may* have been there at the party, *I suppose*.

c. *Frankly*, John is a nice guy, *I think*.

(9a, b)では，認識的な意味を共有する法助動詞と法副詞，または，挿入表現を組み合わせることにより，その法的意味がより明瞭に表現されている．一方で(9c)では，発話行為に関わる意味の法副詞と認識的意味の挿入表現が，次元の異なる心態表現として共生するものと考えられ，法表現の重層性をうかがわせる例となる．

英語における法表現は，動詞の形，文形式，法助動詞，法副詞，挿入表現など，さまざまな範疇や形式の表現を含み，それらが表す法・法性の意味も広範囲に及ぶものである．法表現の分析，そして，その意味機能としての法・法性の概念の研究には，多次元にまたがる意味の広がりを見据えた幅広い視野での考察が欠かせない．

以下の節では，英語の主要な法表現として，法助動詞の意味機能に焦点を絞り，対話表現としての法助動詞が担う多彩な役割を観察したい．

◆ 1.2 法助動詞の2種類の意味領域

英語の法助動詞には，義務的（または束縛的）(deontic)・認識的(epistemic)という二つの大きな意味系統があり，その研究は常に2種類の意味の対立を念頭において行われる．

(10)　　　　　　　義務的意味　　　　認識的意味
　may/might　　　許可　　　　　　　可能性
　can/could　　　 許可　　　　　　　可能性
　must　　　　　　義務・要求　　　　論理的必然性
　should　　　　　義務・要求　　　　論理的必然性
　have to　　　　 義務・要求　　　　論理的必然性

法助動詞が表す法的意味には，このほかに，can の「能力」や will の「意志」といった意味をとらえる力動的(dynamic)な法性があるが，この章では，法助動詞のより重要な意味区別として，義務的と認識的という二つの概念で意味を大別

1.2 法助動詞の2種類の意味領域

し,さまざまな局面で観察される2系統の法的意味の特性を検討したい.

英語の法助動詞による法性表現の大きな特徴は,すべての法助動詞においてこの義務的・認識的という二つの系統の意味が備わっていることである.

(11) a. *May* I speak to Mr. Jones? 　　　　　（義務的：許可）
　　　b. His story *may* be a fiction. 　　　　　（認識的：可能性）
(12) a. You *can* use my computer anytime you like. （義務的：許可）
　　　b. His story *cannot* be a fiction. 　　　　（認識的：可能性）
(13) a. You *must* be back by noon. 　　　　　（義務的：義務・要求）
　　　b. He *must* be now working at the office. 　（認識的：論理的必然性）
(14) a. You *should* behave yourself at the party. 　（義務的：義務・要求）
　　　b. The day tour *should* cost about 100 dollars. （認識的：論理的必然性）
(15) a. You *have to* print your name on the envelope. （義務的：義務・要求）
　　　b. Our guests *have to* be home by now. 　　（認識的：論理的必然性）

義務的・認識的という2種類の意味は,それぞれ精密な論理の体系を背景とするものであり,各種の法助動詞の意味は,「義務・許可」あるいは「必然性・可能性」といった法的意味と否定との組合せによって相互に関係づけられるものとなっている.たとえば,義務的意味の may not と mustn't は,ともに「～してはいけない」という「禁止」を表すものとなるが,「許可」と「義務」という対立する法的意味に異なる種類の否定（法性否定と命題否定）を組み合わせることによって,論理的に同義の表現となる.

(16) a. You *may not* put off the job till tomorrow.
　　　　　[you are NOT ALLOWED to put off the job till tomorrow]
　　　b. You *mustn't* put off the job till tomorrow.
　　　　　[you are OBLIGED NOT to put off the job till tomorrow]

同様に,認識的意味においても,ともに「不可能である」ことを表す cannot (can't) と must not は,「可能性」と「必然性」という対立する法的意味に否定を組み合わせることにより同義となる.

(17) a. The story *can't* be true.
　　　［it is IMPOSSIBLE that the story is true］
　　b. The story *must not* be true.
　　　［it is logically NECESSARY that the story is NOT true］

　法助動詞の2系統の意味は，ともに体系的な論理をその基盤としているが，一方では，土台となる論理的な意味が，コミュニケーション活動に伴う心理的・対人的作用によってさまざまに変質することになる．具体的な場面を想定して，次のような発話が持つ意味を考えてみよう．

(18) a. You *can* do the exercise right now.
　　b. You *must* try these new flavors.

　教室で教師が生徒に向けた発話としての(18a)では，法助動詞 *can* による論理的な「許可」の表現が，発話場面における話し手・聞き手の対人関係の中で，「すぐに課題をやりなさい」といったより強い働きかけとしての「指示」や「要求」の行為を行うものとなっている．同様に，客に試食を勧める販売員の発言としての(18b)の発話では，*must* による論理的な「義務」の表現が，想定される状況のもとで，「ぜひ～してください」という「強い勧奨」の行為を表すものとなる．
　Leech (2004: 72) は，法助動詞の用法を説明することの難しさが，その意味に含まれる論理的要素と実際的要素の2面性にあると指摘する．法助動詞の本来的意味としての「許可」と「義務」，「可能性」と「必然性」といった論理的意味は，日常のコミュニケーション場面における心理的・社会的圧力によって容易にその姿を変えるということを心にとどめなければならない．
　以下では，法助動詞による法表現が発話場面の中で果たす実際的機能とは何なのか，様相論理（modal logic）の意味世界を超えた法助動詞の心理的・対人的な意味の世界を探りたい．

◆ 1.3 法助動詞の文法と心理的意味

1.3.1 過去形が表す意味

法助動詞の意味機能のあり方を考えるとき，しばしばその文法的振る舞いが興味深い示唆を与えてくれる．その一つが法助動詞の過去形に見られる独自の意味機能である．法助動詞の過去形が必ずしも過去時を指すものとならないことは，広く知られる文法現象である．

(19) a. *Might/Could* I use your computer?
   b. *Could/Would* you pass me the salt, please?
(20) a. The story *might* be true.
   b. *Could* the story be true?
   c. That *would* be a good idea.

(19)(20)の各例において，法助動詞の過去形 *might, could, would* は，過去時を指す文法形として機能するものではなく，発話の丁寧さや話し手の気配り，ためらいといった心理的・対人的な意味を表現するための形式となっている．

このような過去形の時間指示とは異なる機能は，伝統文法において仮定法の概念によってとらえられてきたものである．次の(21i)に見られるように，従属節においては，法的用法の過去形は，法助動詞に限らず一般動詞にも見られる文法である．それに対し，(21ii)のように主節または独立文においてその過去形が法的な意味を持つことは，法助動詞だけに限られる特徴的な文法となる．

(21) i. a. I wish you *were* able to move it.　　　　　　（法的用法）
   b. I wish you *could* move it.　　　　　　　　　　（法的用法）
   ii. a. *Were* you able to move it?　　　　　　　　　（過去時制）
   b. *Could* you move it?　　　　　　　　　　　　（法的用法）

（以上 Huddleston and Pullum 2002: 107）

さらに，(21iib)や，先の(19)(20)の各種の例に見られるように，法助動詞の過去形が独立文で用いられるとき，その法的な意味は，事柄の事実性に関する表現に

とどまらず，発話場面の対人関係に関わる話し手の心的態度を表現するものとなる．

　法助動詞の過去形は，許可や可能性，能力，意志など，法助動詞固有の法性の表現に加えて，丁寧さや気配り，ためらいの表現といった対人関係の様相を映す意味機能を持つものである．義務的，認識的，力動的という法助動詞の論理的意味の種別にかかわりなく，その過去形の用法に対人的法表現としての共通の意味機能の発展が見られる点に注目したい．

1.3.2　疑問文が表現する心理

　法助動詞の文法に関わるもう一つの興味深い現象は，法助動詞を含んだ多くの疑問文の表現が持つ意味機能に見られる．たとえば，認識的意味としての「可能性」を表す can は，原則として否定文と疑問文でしか用いられないことが知られている．

(22)　a. The rumor *can't* be true.
　　　b. *Can* the rumor be true?

このうち can を用いた疑問文は，いわゆる修辞疑問として，当該の事柄が可能であるかどうかを「質問する」ものではなく，事柄が不可能である（「〜のはずがない」）ことを話し手が「断定・主張する」文となる．

　これとは異質なものにも見えるが，同様の疑問文による修辞的表現は，次のような義務的意味の法助動詞を用いた表現にも認められる．

(23)　a. *Can/May* I be excused?
　　　b. *Could/Might* I have a word with you?

日常的な会話表現であるこれらの疑問文においても，その発話は許可に関する「質問」のための表現ではなく，聞き手に許可を求める「依頼・要求」の表現となっている．

　いわゆる間接発話行為（indirect speech act）のための慣用的な表現の中には，同様の法助動詞を含む疑問文の形式をとるものが数多く見られる．

(24) a. *Can/Could* you tell me where the washroom is?
　　 b. *Will/Would* you please speak a little louder?
　　 c. *Shall* I open the lid for you?
　　 d. *Shall* we start the second session?

多くの表現はその形式と意味が慣用によって固定化されたものであり，Can you …?，Will you …? や Shall I …?，Shall we …? が，いずれも「質問」ではなく，それぞれ「依頼」や「申し出」，「提案・勧誘」などの意味となることに，解釈のメカニズムが必要であるとは考えられない．

　一方で，*must* をはじめとする「義務・要求」の法助動詞表現では，類似の疑問文を用いた表現法によって，話し手のさまざまな感情を含む対人的働きかけが表現されることがある．次に示す疑問文の発話は，聞き手，あるいは話し手自らの義務の有無を尋ねるものではなく，「する必要がないのではないか」，「お願いだからやめてほしい」といった，当該の義務・要求に対する「非難」や「抗議」の意味を表すものである．

(25) a. *Must* you make that ghastly noise?
　　 b. *Must* I answer those questions?
　　 c. *Need* you be so rude?
　　 d. Do we *have to* have rice pudding every day?　　　（以上 Leech 2004: 78, 93）

特に，Must you …? のような聞き手の行動を問題にする疑問文では，「どうしてもやめられないと言うのですか」といった，聞き手に対する「皮肉」の意味が込められているとされる（Leech 2004: 78）．これらの例においては，義務や要求という対人的法性を含む疑問表現によって，非難や抗議，皮肉やあてこすりといったより抽象的な対人関係的意味を持つ働きかけが実現されている．

　法助動詞を含んださまざまな疑問文に見られる対人関係的表現機能は，法表現が持つ対人的意味の重層性を強く印象づけるものである．法助動詞固有の論理的意味による対人表現に加えて，その文法や構文的技法を用いた高次の対人関係的表現もまた，法表現が担う対人的機能の一部となっていると言えるのではないだろうか．

◆1.4 法助動詞の意味1：認識的意味と主観性

1.4.1 認識的意味の may と can

Leech (2004) は，次の文に見られるような may と can が表す「可能性」の意味の違いについて，具体的な場面を想定した分かりやすい解説をしている．

(26) a. This illness *may* be fatal.
　　 b. This illness *can* be fatal.　　　　　　　（以上 Leech 2004: 82）

医師の患者に対する病状説明の場面を想定してみよう．リーチ (Leech) によると，(26a)の発言は，(26b)に比べ，はるかに深刻な内容であるとされる．may を用いた表現は，「事実的な可能性」(factual possibility)を伝えるものであり，現実の病状の悪化を予測させるものである．これに対し，can が表すのは，「理論上の可能性」(theoretical possibility) であり，病気の一般的な性質を述べるにとどまり，患者の病状の進行を予言するものとはならない．法助動詞の意味的性質の違いが，発話の対人的影響力の違いを生む点が興味深い．

Huddleston and Pullum (2002) は，can が表す「可能性」の意味特性を踏まえて，それを認識的法性 (epistemic modality) ではなく，力動的法性 (dynamic modality) の一種であると考える．

(27) a. These animals *can* be dangerous.
　　 b. Poinsettias *can* be red or yellow.　（以上 Huddleston and Pullum 2002: 107）

(27a)は，動物の個体によって異なる特性（動物の中には危険なものもいること），もしくは，場面によって異なる特性（動物が時として危険な行動をとること）を表現するものである．また，(27b)は，ポインセチアの花色のバリエーション（赤色のものもあれば，黄色のものもあること）を述べるものである．これらの can が表す「可能性」の意味は，主語が指すものの習性・特性などをとらえる力動的法性の一種であるとみなされる．このような主語の特性などを表現する can の用法は，否定文や疑問文で用いられて話し手の心的態度を表現する認識的意味の can/cannot とは区別されるべきものであり，法性の表現としては，中心的なもの

から離れた周辺的な位置にあるものと考えられる．

1.4.2 認識的法助動詞と対話表現

認識的意味の法助動詞は，陳述緩和的法助動詞とも呼ばれることがあるように，その意味機能として発話による陳述または断定の行為との関わりが指摘されている．発話の断定の強さを尺度として，一方の極に，断定を行う無標の文形式としての平叙文，他方の極すなわち断定の力をゼロとする端に疑問文が位置するものとすると，認識的意味の法助動詞はその間のさまざまな断定の強さを表現し，発話による断定の力を調節する働きをするものと考えられる．

(28) a. His story is true.
b. His story *must* be true.
c. His story *should* be true.
d. His story *may* be true.
e. Is his story true?

序節でも見た通り，限られた文法形式による「法」の切換えに対して，語彙的な表現による「法性」の調節という法的意味の表現の仕組みは，文形式による発話行為の設定と語彙表現による発話の力の調節という発話の行為的意味の仕組みに置き換えて理解することができる．

法助動詞のこのような発話行為に関わる機能を踏まえて，次の must の用例について考えてみよう．

(29) a. John was working at the office till late last night.
b. John *must* have been working at the office till late last night.

たとえば，刑事事件のアリバイを証言する場面として，有標の法表現を含まない(29a)の発言が John の居場所を証明する明確な証言行為となるのに対して，法助動詞を含む(29b)では発話による断定が避けられ，証言としての力は格段に下がることになる．

一方で，次の対話場面に見られる must の使用は，断定の緩和とは異なり，断

定行為に対する話し手の積極的な関わりを表現するものとも思われる.

(30) "First of all, Harry, I want to thank you," said Dumbledore, eyes twinkling again. "You *must* have shown me real loyalty, down in the Chamber. ..." （斜字体は筆者）
(Rowling 1999a: 244)

Harry の活躍に対する Dumbledore 校長のほめことばに，認識的意味の must が使われている．ここでの法助動詞の使用は，断言を避けるためのものというよりは，Harry の行動が「真の忠誠心の表れである」と話し手 Dumbledore が認証することを表すものと言えるのではないだろうか．

法助動詞の認識的意味は，話し手による発話時の主観的心態の表出がその最大の機能であると言える．同時にその主観的態度の表現は，発話による断定行為を操作・調節する働きとしてとらえなおすことができる．認識的法助動詞による法性の表現は，発話行為の操作・調節という機能によって，対人場面における相互作用の調整装置としての役割を担うものともなる．

◆ 1.5 法助動詞の意味 2：義務的意味と対人関係

1.5.1 義務的意味の may と can，must と have to

かつての規範的な英文法においては，人に許可を求める際の正しい表現は May I ...? であり，改まった表現としては can の使用を避けるべきであるとされていた．Leech (1971: 70) では，イギリスの多くの小学生が，May I ...? ではなく Can I ...? を使って大人に叱られたといった身近なエピソードが紹介されている．一方，次の例はアメリカ英語で，生徒 Marty が Strickland 先生に遅刻して捕まり，「もう行ってもいいですか」と許可を求めている場面である．

(31) Marty: *Can I* go now, Mr. Strickland?　　　（映画 *Back to the Future*: 11）

近年の英語用法においては，許可の意味で用いられる標準的な法助動詞は can であり，may は if I may や How may I ...? などの定型的な表現での使用が中心となっている（Leech 2004: 83）．

(32) You *can* stay here as long as you like.
(33) a. I'd like to open the window, if I *may*.
b. How *may* I help you?

許可を表す法助動詞 may と can の意味用法の急速な変化は，人間関係の機微をとらえる法表現の意味機能が，社会生活の変容とともに変化することを示す現象として興味深いものである．

一方で，同じ義務的意味の must と have to については，対人的な働きかけの表現としての機能の差が指摘される．

(34) a. You *must* save that money to buy a house.
b. You *have to* save that money to buy a house.　　　（以上 Leech 2004: 82）

(34a)の must は，話し手による義務づけを意味するものであり，たとえば，親が子に「（住宅購入のためには）まずは貯金をしなさい」と助言する場面などが想像できる．一方で，(34b)の have to は，一般的な規則や必要性を述べるもので，住宅購入に際しての常識的な手順を説明する発言であると考えられる．

must と have to を含む発話の意味機能の違いは，それらが表す「義務・要求」の強さの差によるものではなく，法表現としての話し手の関与のあり方の違いに起因するものである．次の二つの例を対照すると，must と have to が表す法性における話し手の関わり方の違いがさらに明らかになるだろう．

(35) a. You *must* eat all the cookies.
b. You *have to* eat all the cookies.

(35a)の発話では，must は聞き手にとって有益なこと（クッキーを食べること）を義務づけることにより，「ぜひ〜してください」という勧奨の働きかけを表現するものである．一方，同等のコンテクストで have to を用いた(35b)の発話では，話し手による働きかけを反映する意味は薄く，「状況から〜せざるを得ない」という客観的な必要性を述べるものとなる．

各種の義務的法助動詞が示す対人的場面での意味機能の差は，対話表現として

の法表現の本質的役割を考えるうえで多くの示唆を与えてくれる．

1.5.2 義務的法助動詞と対人関係

対話表現としての義務的法助動詞は，発話場面における聞き手への働きかけとしての行為的意味を表現することがその主要な機能となっている．以下に示す義務的法助動詞を含んだ発話は，いずれも場面の中での発話行為の遂行をその目的とするものである．

(36) "You *will* each write an essay, to be handed in to me, on the ways you recognise and kill werewolves."（斜字体は筆者）　　　(Rowling 1999b: 129)

(37) "My dear boy, you *must* see how foolish it would be of me to allow you to remain at the castle when terms ends. ..."（斜字体は筆者）(Rowling 1999a: 182)

(38) "No, no, no," squeaked Dobby, shaking his head so hard his ears flapped. "Harry Potter *must* stay where he is safe. ..."（斜字体は筆者）

(Rowling 1999a: 18)

「レポートを書いて出しなさい」という will による「命令・指令」の発話である (36) のほか，(37) は，校長が生徒に「事情をわかってほしい」と強く求める発話となる．また，(38) では，Dobby による must を使った発言が，「安全な場所から離れないで」と Harry に自制を求める嘆願の発話となっている．いずれの発話においても，義務的法助動詞による法表現は，発話場面における発話行為の遂行をその機能としている．

一方で，義務的法助動詞の用法の中には，このような発話行為としての働きかけにとどまらず，より繊細な対人関係の様相を映し出す機能を担ったものが見られる．次の (39)(40) の各例においては，法助動詞固有の意味に基づく対人表現に重ねて，「非難」，「あざけり」，「からかい」といったより高次の人間関係を映す意味が表現されている．

(39) a. You *might* ask before you borrow my car.　　　(Swan 1995: 328)
　　　b. You *might* as well tell the truth.　　　(Quirk *et al.* 1985: 224)
　　　c. You *could* try and be a bit civilized.　　　(Leech 2004: 131)

(39)の *might* や *could* による表現は，その論理的意味に沿った働きかけを超えて，「〜してもよさそうなものなのに」，「あきらめて〜してはどうか」，「いいかげんに〜しなさい」といった話し手の感情を伴う対人表現へと発展している．

先に取り上げた法助動詞を含む疑問文に見られる対人表現や，同様の機能を持つ条件文の表現も，法表現が持つ高次の対人的機能を例証するものである．

(40)　a. *Must* you interrupt while I'm speaking?
　　　　　　　　　　　　　　　　　　　(Huddleston and Pullum 2002: 205)
　　　b. If you *must* smoke, use an ash-tray.　　　　(Leech 2004: 131)
(41)　"Molly, how many times *do* I *have to* tell you? …"（斜字体は筆者）
　　　　　　　　　　　　　　　　　　　　　　　(Rowling 1999b: 53)
(42)　…, "I just don't like the way they (spiders) move …"
　　　Hermione giggled.
　　　"It's not funny," said Ron, fiercely. "If you *must* know, when I was three, Fred turned my – my teddy bear into a dirty great spider …"（斜字体は筆者）
　　　　　　　　　　　　　　　　　　　　　　　(Rowling 1999a: 117)

(40a)の発話は，「話の腰を折らないと気が済まないのですか」と，会話をかき乱す相手に対するけん制の表現となっている．また，(40b)では，「どうしてもタバコを吸いたいと言うなら，…」と，しつこい喫煙に対するいらだちと抗議の姿勢が伝わる．(41)では，「同じことを何回言わせる気なの」と，話し手のあきれた様子がうかがえる．さらに(42)では，Hermione の忍び笑いに腹を立てた Ron の発言に，「わからないようなら教えてやろう」と，相手の無理解に反抗する姿勢が表れている．

同様の対人関係的意味としての法性の働きは，伝統的な文法記述において「感情表現」として取り扱われてきた法助動詞の用法にも当てはめることができるのではないだろうか．次のような should を含む疑問文には，法助動詞が表す感情を背景とした対人的な働きかけの表現を見ることができる．

(43)　Why *should* we let him get away with it?　　(Quirk *et al.* 1985: 187)
(44)　"Don't you want to know how Ginny got hold of that diary, Mr Malfoy?" said Harry.

34　　　　　　　　　　　第1章　法　表　現

Lucius Malfoy rounded on him.
"How *should* I know how the stupid little girl got hold of it?" he said.（斜字体は筆者）
(Rowling 1999a: 247)

(43)では,「万に一つでも言い逃れはゆるさない」と, should による意外性の意味合いを生かした発話が, 話し手による強い決意の表現となっている. また,（44）の should を含む発言は,「知るわけがないだろう」と, 問い詰められた Malfoy の強い反発を示す表現である. いずれの例においても, 感情表現としての should の使用は, 同時に場面の中での対人関係の操作を意図するものとなっている.

　法助動詞による事柄の様相の表現は, 話し手の心的世界の様相をとらえるものとなり, さらに, 対人世界における人間関係の様相の意味づけに関わるものとなっている. 法助動詞を用いたさまざまな対人表現の観察から, その対人関係的機能が現代英語における法助動詞の意味機能の重要な部分を占めつつあるということが明らかになる.

◆ 1.6　法助動詞としての will と shall

1.6.1　未来表現と法表現

　一般的に英語の助動詞 will には, 未来表現と法表現という二つの機能があるとされる.

(45)　a. The local weather *will* be warm and clear tomorrow.
　　　b. That *will* be Mr. Jones.〔遠くに人影を認めて〕

(45a)の will が, 言及されている事象（地域の好天）が未来時のものであることを示す未来表現であるのに対し,（45b）の will は, 現在時の事象（人影が Jones 氏であること）についての推測を表す法表現であると考えられる. しかし, 助動詞 will のこの二つの意味の区別は決して判然としたものではなく, 前者は未来の事象に対する予測, 後者は現在の事象についての推測を表すものであり, ともに不確かな事柄に対する話し手の判断を描く表現として, 法的な性格を持つものであると言える.

1.6 法助動詞としての will と shall

次のような進行相と共起する will ('ll) を観察すると，未来の助動詞と法助動詞という区別の意義がさらに薄れることがわかるだろう．

(46) a. This time next week they'*ll* be enjoying their holiday on the beach.
b. Now they'*ll* be enjoying their holiday on the beach.

(46a, b) の文が描く事象（ビーチで休暇を満喫していること）は，それぞれ未来のある時点，または，現在時点において進行中のできごとであり，いずれも発話時，あるいは発話場面においては確認することのできない不確かな事柄として推定されるものである．

未来表現とされる will の表すものが，ある種の法性であることは，次のような may や must, should などへの置き換えの可能性によっても明らかになる．

(47) The local weather *may/must* be warm and clear tomorrow.
(48) This time next week I *should* be enjoying my holiday on the beach.

これらの文で法助動詞の may や must, should と同等の働きをすると考えられる will による「予測」の表現は，話し手の心態表現としての法表現の一種であると考えられる．

一方，will を用いた表現の中で，次のような will ('ll) be -ing の形式は，予測や意志の意味を含まない中立的な未来表現として使用されている．

(49) a. I'*ll* be writing to you later.
b. Next week we'*ll* be studying relative pronouns.

(49a, b) は，それぞれ「後日お便りします」，「次週は関係代名詞について学びます」といった未来の単一のできごとの生起を表すものであり，ここでの will の働きには，法的な意味による記述は当てはまらない．しかし，この (49) のような表現を除くと，多くの will の用法は，現在・未来を問わず，不確かな事柄に対する発話時の推測・予測を表すものととらえられ，法助動詞としての記述がより適切であると考えられる．

1.6.2　意志表現の will/shall と対人関係

　ここまで論じてきたように，対話表現における法助動詞のおもな役割は，その心理的意味の表現と同時に，場面の中の対人関係を操作するさまざまな意味機能にあると言える．意志表現としての will（または would）や shall もまた，しばしばその本来の意志的意味を離れて，対人関係に関わるさまざまな慣用表現の一部として用いられている．

(50)　a. *Will* you close the door, please?
　　　b. *Shall* I carry one of your bags?
　　　c. *Shall* we talk in the lounge?
　　　d. *Would* you like some more tea?

(50)に見られる各種の間接発話行為の表現は，その形式が示す意志確認の意味を離れ，定型表現として，依頼や申し出，提案，勧奨などのさまざまな対人的働きかけを表すものとなっている．
　さらに，意志表現のうち，特に強い意志を表す will の用法には，しばしば話し手による不満や抗議の姿勢など，より抽象的な人間関係に関わる意味の表現を見ることができる．

(51)　強い意志にまつわる感情の表現
　　　a. Janet, why *WILL* you keep making that awful noise?
　　　b. I *WILL* go to the dance!
　　　c. I *WON'T* have you telling lies!　　　　　　　（以上 Leech 2004: 88)
(52)　"If she'd just get rid of that cat, I'd speak to her again!" Ron said angrily, "but she's still sticking up for it! It's maniac, and she *won't* hear a word against it!"（斜字体は筆者）　　　　　　　　　　　　　　　(Rowling 1999b: 202)

主語が指す人物の強い意志を伝える各種の表現は，しばしばその人物の頑固さに対する話し手の不満やいらだちなどの強い感情的な色彩を帯びたものとなる．それは同時に，強固な意志の持ち主に対する非難や抗議の働きかけの表現ともなる．(51a)は，不快な音を立て続ける相手の無神経さに対する抗議の発話である．また，(51b, c)のように，話し手自身の意志を強調する表現は，自らの意志を貫くこ

とにより聞き手に対する強い働きかけを意図する発話となる．たとえば，(51b)では，パーティーへの参加を認めない相手に強く反論する発言が想定され，(51c)では，不誠実な発言を繰り返す人物に警告を発する場面などが想定できる．(52)では，猫嫌いのことばに耳を貸さない Hermione の頑固さに対して，Ron の憤慨する様子が伝わる．

さらに，意志の表現とは異なり，予測の意味の一種として，習慣や習性を表す will の用法にも，対話表現としての感情的意味が認められる．

(53) 習性・性癖にまつわる感情の表現
 a. He *WILL* pour the tea leaves down the sink.
 b. He *WOULD* call round just when I wanted an early night.
 c. He *WILL* have his little joke.
(以上 Huddleston and Pullum 2002: 194, 197-198)

習慣・習性を表す will/would によって描かれる行為には，不快な行為，好ましくない習慣が多く見られる点に注目したい．(53a)では，いつもシンクに茶葉を流して詰まらせるパートナーに対する不満が表明され，(53b)では，早寝したいときに限って訪ねてくる友人へのいらだちが表現されている．さらに(53c)では，好ましい習慣とも思える会話での冗談が，will を使った表現によって「困りごと」として扱われていることがわかり，「お願いだからやめてほしい」といった話し手の抵抗感が伝わる．

この項で見た法助動詞 will/shall/would の用法は，本来，文主語が指す人物の意志や習性といった力動的法性を表現するものであり，その基本的な意味は主語に関わる客観的な事態の描写であると理解される．しかし，その力動的な意味の表現に付随する不満や嫌悪，いらだちといった話し手による感情の表現は，法助動詞の意味機能の一部としての対人的な法性を反映するものであると言えるだろう．

まとめ：対話表現としての法表現

法表現としての法助動詞の意味機能は，いくつもの次元での観察・分析が可能なものである．

第1に，法助動詞の意味は，事柄の様相の論理を反映するものとして，命題や事象の多様なあり方をとらえるものである．法助動詞の意味論は，精密な論理的意味の体系に支えられていることが，その大きな特徴となる．

第2に，法助動詞は，発話場面の中で，話し手の心的態度の表現となり，発話によって遂行される発話行為のあり方に作用するものとなる．法助動詞による心理的法性の表現は，発話行為のあり方を操作する意味機能であると理解される．

第3に，発話行為の操作・調節に関わる法助動詞の機能は，発話場面の中での対人関係の意味づけに関わるものともなる．対話表現の一部としての法助動詞は，発話場面における話し手と他者，特に聞き手との間のさまざまな対人関係を操作・調節することをその重要な機能としている．

言語のあらゆる次元の意味要因が関わるとも言える法表現の研究では，その論理的意味，心的意味に加えて，コミュニケーション場面における対人関係的意味を的確に記述することが重要な課題となる．複雑化する人間関係を背景とした日常生活の中で，現代英語の法表現が果たす役割は，ますます重要性を増している．繊細な対人関係の様相をとらえ，その操作を図る法表現のさまざまな機能を適切に記述・分析する研究の進展を期待したい．

より深く勉強したい人のために

- Leech, Geoffrey N. (2004) *Meaning and the English Verb*, Third Edition, Pearson Education.

  Leech (1971) 以来の英語動詞の意味研究に改訂を重ねたもので，法助動詞についても，その幅広い意味と用法を明快に解説している．豊富な用例を示した具体的な意味観察から，場面の中での心理的・対人的意味など，法助動詞が担う実際的な意味機能が明らかになる．

- Huddleston, Rodney and Geoffrey K. Pullum (2002) *The Cambridge Grammar of the English Language*, Cambridge University Press.

  徹底した記述文法の姿勢で英語文法の全体像をとらえる大著である．Chapter 3 The Verb において，英語動詞の文法体系における法助動詞の位置づけが明確に示され，法助動詞の広範な意味用法が体系的に解説されている．

- 澤田治美編 (2014, 2012)『モダリティⅠ：理論と方法（ひつじ意味論講座3)』，『モダリティⅡ：事例研究（ひつじ意味論講座4)』ひつじ書房．

  2巻の論集に日英語法性研究の理論と方法についての各種の論考，および法表現の

多様な具体事例の研究が収載されている．法・法性の研究，法表現の分析のための幅広い背景的知識を得ることができる．

文献

荒木一雄・小野経男・中野弘三（1977）『助動詞（現代の英文法 9）』研究社．
安藤貞雄（2014）「ムードの意味」澤田治美（編）（2014）175-203．
岡田伸夫（1985）『副詞と挿入文（新英文法選書 9）』大修館書店．
柏本吉章（2005）「法助動詞の論理的意味・心理的意味・対人関係的意味」成田義光・長谷川存古（編）『英語のテンス・アスペクト・モダリティ』英宝社，197-209．
柏本吉章（2012）「法助動詞のモダリティ」澤田治美（編）1-16．
黒滝真理子（2005）『Deontic から Epistemic への普遍性と相対性—モダリティの日英語対照研究』くろしお出版．
澤田治美（1993）『視点と主観性—日英語助動詞の分析』ひつじ書房．
澤田治美（2006）『モダリティ』開拓社．
澤田治美（編）（2012）『モダリティⅡ：事例研究（ひつじ意味論講座 4）』ひつじ書房．
澤田治美（編）（2014）『モダリティⅠ：理論と方法（ひつじ意味論講座 3）』ひつじ書房．
中右実（1980）「文副詞の比較」國廣哲彌（編）『文法（日英比較講座 2）』大修館書店．
中右実（1994）『認知意味論の原理』大修館書店．
長友俊一郎（2009）『束縛的モダリティと英語法助動詞』リーベル出版．
中野弘三（1993）『英語法助動詞の意味論』英潮社．
Coates, Jennifer (1983) *The Semantics of the Modal Auxiliaries*, London: Croom Helm（澤田治美訳（1992）『英語法助動詞の意味論』研究社）．
Huddleston, Rodney and Geoffrey K. Pullum (2002) *The Cambridge Grammar of the English Language,* Cambridge: Cambridge University Press.
Leech, Geoffrey N. (1971) *Meaning and the English Verb*, London: Longman（國廣哲彌訳（1976）『意味と英語動詞』大修館書店）．
Leech, Geoffrey N. (1987) *Meaning and the English Verb*, Second Edition, London: Longman.
Leech, Geoffrey N. (2004) *Meaning and the English Verb*, Third Edition, London: Pearson Education.
Lyons, John (1977) *Semantics Ⅱ*, Cambridge: Cambridge University Press.
Palmer, F.R. (1974, 1987) *The English Verb*, First and Second Edition, London: Longman.
Palmer, F.R. (1979, 1990) *Modality and the English Modals*, First and Second Edition, London: Longman.
Palmer, F.R. (1986, 2001) *Mood and Modality,* First and Second Edition, Cambridge: Cambridge University Press.
Perkins, Michael R. (1983) *Modal Expressions in English*, London: Frances Pinter.
Quirk, Randolph, Sidney Greenbaum, Geoffrey Leech and Jan Svartvik (1985) *A*

Comprehensive Grammar of the English Language, London: Longman.
Swan, Michael (1995) *Practical English Usage*, Second Edition, Oxford: Oxford University Press.
Sweetser, Eve E. (1990) *From Etymology to Pragmatics*, Cambridge: Cambridge University Press (澤田治美訳 (2000)『認知意味論の展開―語源学から語用論まで』研究社).

例文出典

Rowling, J.K. (1999a) *Harry Potter and the Chamber of Secrets*, Bloomsbury.
Rowling, J.K. (1999b) *Harry Potter and the Prisoner of Azkaban*, Bloomsbury.

映 画

Back to the Future (1994)『バック・トゥ・ザ・フューチャー』フォーインクリエイティブプロダクツ.

第2章 婉曲表現

塩田英子

◆ 2.1 婉曲表現とはなにか

2.1.1 「婉曲」の方向性と定義

　何かを伝えようとするとき，話し手は聞き手との関係を考慮して，遠回しの表現を選ぶことがある．この「遠回しの表現」は婉曲表現（euphemism）と呼ばれ，対人的意味を扱う語用論において重要な位置を占める．たとえば以下に示すトイレの掲示で，(1a)は(1b)の婉曲表現として用いられている．

(1) a. いつもきれいにご使用いただきありがとうございます
　　b. トイレを汚すな

(1)は，どちらもトイレの適切な使用を利用者に促しているという点では同じである．しかし，(1a)では直接命令せずに，感謝の気持ちを先に述べることで，遠回しに(1b)と同じ「トイレを汚してほしくない」というメッセージを伝えている．
　婉曲表現は英語で"euphemism"と言う．接頭辞"eu-"は"good"を，"-phemism"は"speech"を意味し，両者が組み合わさって，「好ましいことば使い」をさす．対義語は偽悪表現（dysphemism）で，接頭辞の"dys-"が"bad"を意味することから，「悪ぶったことば使い」のことを言う．たとえば「警察官」を表す名詞句の場合，中立的な表現は"police officer"（警察官）だが，婉曲表現は"law enforcement officer"（法の執行官），偽悪表現は"pig"（ポリ，マッポ，サツ）となる．
　ここで，婉曲表現と偽悪表現の区別を明確にしておきたい．同じ遠回しの表現

でも，偽悪表現は文化的・社会的に規定された禁忌を故意に破ることで，力を誇示したり，隠語（jargon）のように集団の連帯感を高める働きがある．対する婉曲表現は，文化的・社会的な禁忌を避け，表現対象とあえて距離をおくことで，言葉が与える衝撃を和らげる．その結果，聞き手の心理的負担を軽減し，良好な人間関係を築く助けにもなる．偽悪表現も婉曲表現も中立的な表現を使わず，あえて遠回しの表現を選ぶことで，対人関係の調整をはかるコミュニケーションであると言う点では共通している．しかし，表現の方向は逆に向かっていると言えよう．

2.1.2 婉曲的に表現される要素

婉曲表現はさまざまな観点から分類できる．ここではまず，表現内容に焦点を当て，全体像をとらえておきたい．(2)に示すのは婉曲表現を生み出すおもな要因である．

(2) 婉曲表現を生み出す要因
 a. 生理的タブー：生死，生殖（性交，月経，自慰，生殖器官），排出（排泄，排ガス，あい気，嘔吐）など
 b. 社会的タブー：差別（容姿，障がい，性差，職業，人種など），宗教など
 c. 語用論的制約：発話のコンテクスト，情報操作（秘密の隠ぺい，煽動）など

まず，(2a)の生理的タブーに配慮した婉曲表現として，(3)のような例があげられる（以下，特に断りがない限り，下線はすべて筆者による）．

(3) a. Morrie had fell into a coma two days after our final visit, and the doctor said that he could go at any moment.　　　　　　　　　　（Albom 1997: 187）
 b. When the man began to sleep with other women, she protested, and he was incensed at her protest.　　　　　　　　　　（Tannen 1990: 40）
 c. He had a bowel movement.　　　　　　　　　　（Parker ed. 2008: 9）

(3a)は死に関する表現で，"die"（死ぬ）のかわりに "go"（この世を去る）を用いて死期の到来を表現している．さらに(3b)では "have sex"（性行為をする）の

かわりに"sleep"(寝る)を，(3c)は"defecate"(排便する)のかわりに"have a bowel movement"(通じがある)を用いて，生理現象を婉曲的に表現している．これらの婉曲表現は，すべて人間がもつ動物的・生理的側面への直接的な言及を避けるために用いられている．

(2b)の社会的価値観に基づくタブーに配慮した婉曲表現の代表例は，(4)のような PC (political correctness) 表現に見られる．

(4) 容姿：bald (禿の) → hair disadvantaged (頭髪に恵まれない)
    病気：insane (狂った) → mentally disabled (精神に異常がある)，mentally challenged (知的障がいのある)
    性差：waitress (ウェイトレス) → server (接客係)
    職業：garbage collector (ゴミ収集員) → sanitation worker (清掃作業員)

また，宗教に関しては，キリスト教ではむやみに神の名を呼ぶべきではないとされているため，God (神) を"goodness","gosh","Gad"や"Lord"などに置き換え，婉曲的に表現することがよく知られている．これら社会的に規定されたタブーは，生理的タブーと同様に，ある集団に共通した，社会的・文化的価値観に基づくため，慣用化の度合いが高い．

婉曲表現には，(2c)のような発話のコンテクストに依存した語用論的な制約を受ける例もある．(5)は7歳の姪 Olive と伯父 Frank が再会した際のやりとりである．

(5) Olive: Hi, Uncle Frank.
    Frank: Oh, hey, Olive. Wow. You're getting … <u>big</u>. Almost like a … real person.
    (映画 *Little Miss Sunshine*)

伯父の Frank は久しぶりに会った姪 Olive に対して，"fat"(体格が良くなった)と感じ，ためらいながらも"big"と言ってしまう．ところが Olive が目の前にいるため，急いで"like a real person"と付け加えることで，"big"を"fat"ではなく"tall"や"grown up"の意味で解釈するように促している．

(5)では2段階の婉曲化が行われている．まず第1段階として，Frank は(2b)

社会的タブーに配慮し，Olive の体格を形容するために，"fat" を避けて "big" を用いている．しかし，ここでさらに "big" が，"like a real person" と訂正されねばならないのは，(5)の発話のコンテクストの中で "big" の語彙概念 (lexical concept) がアドホックに (ad hoc) 拡張され，"fat" の意味を含むようになる可能性が生じるためである．もともと，"big" という単語自体は中立的で，(2a)の生理的タブーや(2c)の社会的タブーには規定されない．しかし，このコンテクストでは，"big" が Olive の容姿について用いられていることが自明であるため，語彙概念の呼び出しが体型描写へと方向付けられる．その結果，"fat" の意味で解釈される余地が生じてしまう．

そこで Frank は，第 2 段階として，"big" が一義化 (disambiguation) される過程で "fat" ではなく "grown up" であると伝えるために，"like a real person" と付け加えて訂正を試みる．このようにして，"big" が伝える "fat" の意味は修正されるが，そのせいで逆に，"like a real person" という，自明の事実を述べただけの，その場しのぎの不自然な言い換え，視覚情報として得られる Frank の驚いた様子や Olive の容姿から，視聴者は "big" はもともと "fat" の婉曲表現であったと理解することになる．

さらに語用論的制約により用いられる婉曲表現として，ダブルスピーク（二重語法，doublespeak）と呼ばれる修辞技法がある．

(6) Five U.S. soldiers and one Afghan soldier were killed in southern Afghanistan on Tuesday, reportedly in an incident of <u>friendly fire</u>. ... NATO has not confirmed the details of the soldiers' death, saying that the incident was still under investigation. "Tragically, there is the possibility that <u>fratricide</u> may have been involved," ... "Investigators are looking into the likelihood that <u>friendly fire</u> was the cause," said Pentagon press secretary Rear Adm. John Kirby.
(Dan Kedmey, "Report: Friendly Fire Incident Kills 5 U.S. Soldiers in Afghanistan," http://time.com/2851841/afghanistan-friendly-fire/)〈アクセス：2016/03/21〉

(6)の下線部 "friendly fire" と "fratricide" は，どちらもアメリカ軍による味方への誤爆を意味している．ここで興味深いのは，NATO が "fratricide"，誤爆をしたアメリカ側国防省の報道官は "friendly fire" という表現を用いている点であ

る．どちらも同じ誤爆をさすが，"fratricide"の接尾辞"-cide"の持つ"kill"のイメージと，"friendly fire"の"friendly"が与えるイメージは対照的である．ここから，誤爆を犯したアメリカ国防省側は，より婉曲的な表現を用いて事態の深刻さを和らげていると捉えることができる．このように，ダブルスピークは表現対象について抱く受け手の印象を操作する働きがある．

また，上記以外にも，2002年に起きたアメリカ軍のカナダ軍に対する誤爆について，Albakry (2004) は報告書を分析し，誤爆をしたアメリカ軍側が"friendly fire"，誤爆を受けたカナダ側は"fratricide"を用いる傾向を明らかにしている (Albakry 2004: 169-70)．このように考えると，(6)の"friendly fire"は，言語表現のみならず，事態の深刻さを緩和し，責任の所在を曖昧にする表現でもある．婉曲表現を表す英語"euphemism"が，時に詭弁を意味するのは，このような場合である．

2.1.3 婉曲表現が用いられる理由

婉曲表現は生理的，社会的，語用論的な側面から制約を受け，発話の伝達する衝撃を和らげる修辞である．あえて指示対象から距離を置くことで，あからさまな言及を避けるという意味では，聞き手に優しい表現であるとも言える．しかし，直接的な表現も婉曲表現も指示対象は同一である．それにもかかわらず，「遠回し」に表現されるため，婉曲表現の解釈には余分の処理労力（processing effort）がかかる．先にあげた(3a)の場合，慣用化の度合いに差があるとはいえ，"go"をコンテクストと照合したうえで"die"と解釈するよりは，直接"die"と表現した方が，聞き手に労力をかけずにすむことは明らかである．

ではなぜ，余分の労力をかけるというリスクを冒してまで，遠回しの表現を用いる必要があるのだろうか．婉曲表現を使ってまで，ひとはいったい何を伝えたいというのか．たとえば，発話解釈の仕組みの解明を目指す関連性理論(relevance theory)では，人間のコミュニケーションは解釈の際にかかる処理労力を最小にし，認知効果（cognitive effect）を最大にする特性があるとする．

(7) Degrees of relevance
    a. The greater the cognitive effects achieved by procession an input, the great-

　　　　er its relevance.
　　b. The smaller the processing effort required to achieve these effects, the great-
　　　　er the relevance.　　　　　　　　　　　　　（Wilson and Sperber 2012: 102）

発話の処理労力とその結果得られる認知効果のバランスである関連性が最適であるためには，(7b)のように労力をなるべく抑え，(7a)の認知効果を大きくすることが必要である．
　ここで(3a)の婉曲表現 "go" と "die" について再び考えてみたい．解釈の際，婉曲表現 "go" は直接的な表現 "die" よりも余分の労力を受け手に課している．しかし，その労力が「余分」であるのには，それなりの理由がある．つまり，その「余分さ」は，話し手が伝達したかった内容から生み出される認知効果を得るためには，必要であるからこそあえて課されているのである．"go" を用いなければならない必然的な理由がそこにはある．
　このことについて，戸澤（2015）は以下のように述べている．

(8) 発話は，本質的に，話し手の意思により聞き手を無理やりコミュニケーション作業に参加させる力を持っており，そういう意味では攻撃的な性質を持つ．そのため，言語表現が聞き手に及ぼす何等かの力を緩和させる方向に働く表現が多く存在し，使用頻度も高くなっているように思われる．　　　　　（戸澤 2015: 78）

発話は音声刺激として発せられた場合，いやがおうにも意図明示的刺激（ostensive stimulus）となり，受け手に解釈を強要してしまう．それゆえ，戸澤（2015）の言う「攻撃的な性質」を和らげるために婉曲表現が存在する．
　また，わざわざ余分の労力を課してまで用いられる婉曲表現は「何を」婉曲に表現するのではなく，「何に対して」婉曲に表現するのか，ということが重要である．

(9) The dog <u>*was sick*</u> on the new carpet.
　　　　　　　　　（Quirk et al. 1985: 433）［下線・斜字原文ママ］

(9)の例では，犬が "vomit"（吐く）ことに対して婉曲表現 "was sick"（具合が

悪かった）が用いられている．ここで生理的タブーとなる行為を行っているのは人間ではなく犬である．このことから，(9)の話し手が婉曲表現を用いて配慮を示す対象は，表現の対象となっている犬ではなく，聞き手であることが分かる．このように，婉曲表現においては表現対象に対する話し手の考えに加え，聞き手に対する配慮も重要になってくる．たとえば，(10)は婉曲表現と婉曲表現の対象となった人物に対する配慮の隔たりを揶揄した例である．

(10) Police officer: Right, look … I want you freaks out of here, right now!
　　　Percy:　　　Hey!
　　　[Percy kicks the police officer.]
　　　Police officer: Ah! I'm sorry. I didn't mean to use that word … vertically deficient … defuncted … vertically crippled! vertically … challenged … vertically … Vertically challenged? Whatever you are, you get off my beat or I will do you! You included!
（映画 *The Imagination of Dr. Parnassus*）

(10)の場面では，旅芸人の一座に，ある場所での興業をやめさせようとする警察官が，一座に対して"you freaks"と罵る．しかし直後に一座の中に低身長の男性Percyがいることに気づき，"freaks"という差別表現を改め，婉曲表現に言い換えようとしている．もちろん，この場面でPercyがいなければこの警察官は"freaks"を別の表現に改めなかったであろうことは，前後のコンテクストから明らかである．しかし，聞き手であるPercyに"freaks"と呼び掛けては差別になるととらえ，"vertically deficient"や"vertically defuncted" "vertically crippled" "vertically challenged"という婉曲表現を列挙している．この場面で警察官は"freaks"という差別的な発言を改め，言い換えようとはしているが，こだわっているのは表面的な言語表現だけである．結局のところ，一座を立ち退かせようという点は同じであり，差別的態度は変わらない．このことから，(10)は過剰な言葉狩りによる，言語表現と伝達される意図の乖離を皮肉った例であると言える．

このように，婉曲表現は表現が表す指示対象自体に対する配慮ではなく，その言葉を解釈する聞き手に対しての配慮を表す対人的表現として捉えることができる．次節ではその配慮のあらわれ方を言語的特徴から探り，婉曲表現によって対

人的意味がどのように調整されるのか，さらに見ていきたい．

◆2.2 さまざまな婉曲表現

2.2.1 婉曲表現の言語的特徴

対人コミュニケーションにおいて，婉曲表現は聞き手への配慮を示す修辞として用いられることが前節で明らかとなった．では，その配慮は具体的にどのような形をとって表現されるのだろうか．ここでは婉曲表現の言語的側面に注目し，具体例を見ていきたい．

まず(11)に婉曲表現の言語的特徴を列挙する．

(11) 婉曲表現の言語的特徴
    a. 置き換え（paraphrase）：語句・文の書き換え，代名詞の使用，短縮，記号化
    b. 垣根言葉の挿入（hedging）：間投詞，副詞（句），談話辞などの追加
    c. 省略（elimination）：対象となる要素を表現しない
    d. 談話の間（pausing）：対象となる要素の前に間を置く

(12)では，(11)にあげた4つのパタンすべてが用いられている．(12)の例は，病院で，ある老人の死を医師が家族に告げる場面である．

(12) Doctor: Are you the family of Edwin Hoover?
    Father: Yes.
    Doctor: I'm sorry. We did everything we could. <u>He was …er …</u> <u>Well</u>, <u>it was too much</u>. He <u>probably</u> <u>just</u> <u>fell asleep and never woke up</u>. I'll have someone come and talk to you about handing <u>the remains</u>.
    Father: Thank you.
    Doctor: Linda!
    Olive: Mom? Is Grandpa dead?
    Mother: Yeah, honey. He <u>passed away</u>. （映画 *Little Miss Sunshine*）

ここで，婉曲表現の中で最もよく用いられる(11a)の置き換えは3か所に見られる．まず，二つ目の医師のセリフの末尾にある"the remains"で，これは"dead body"（遺体）を表す婉曲表現である．さらに，同様の置き換えによる婉曲表現は医師のセリフで"died"（死んだ）を意味する"fell asleep and never woke up"（眠りに落ちて二度と目を覚まさなかった），最後の母親のセリフ"passed away"（他界した）にも見られる．

加えて，(12)の死を告げる医師のセリフには(11b)の垣根表現の挿入もある．たとえば，医師の"er"という言いよどみや，"well"という談話標識（discourse marker），"probably"や"just"などの副詞が挿入されている．さらに(11c)の省略についても，"He was ...er ..."は"He was dead"であり，"it was too much"も"too much for him to overcome"の意味で用いられている．これらはあえて表現しないことで対象を遠回しに表現する省略にあたる．さらに"er"の前後にある"..."も(11d)の談話の間に分類できる婉曲表現として機能している．次節以降では，(11a)から(11d)としてあげたこれらの特徴について，さらに詳しく見ていきたい．

2.2.2　言語的特徴 a：置き換え（paraphrase）

婉曲表現は単語全体だけではなく，タブー語の一部を別の表現に置き換える場合にも用いられる．(13)は主人公の少年 William の母 Elaine と姉 Anita が口論する場面である．

(13)　Anita:　　　<u>Feck</u> you!
　　　Elaine:　　 Hey!
　　　Anita:　　　<u>This is a house of lies</u>!
　　　Elaine:　　 <u>Well</u> there it is, your sister used the "F" word.
　　　William:　 <u>I think</u> she said "feck."
　　　Elaine:　　 What's the difference?
　　　William:　 The letter "u."

(映画 *Almost Famous*)

冒頭の下線部では本来なら"fuck you"と言うべきところを"feck you"としている．これは四文字語（four letter word）と呼ばれるタブー語の綴りを一文字だけ変えた婉曲表現の例である．さらに，(13)は口論の場面でありながらも，母親の Elaine のセリフには，次に述べる内容を和らげるための"Well"という談話標

識が挿入されている．また William のセリフの "I think" には婉曲的な主張を表すという特徴がある（松浪ほか編 1994）．この後，家出することになる Anita も "This is a house of lies!" と婉曲的に表現しており "You liar." と言ってはいない．一見，罵り合っていながらも，3者の間には微妙な配慮が見られ，互いを心底憎みきれないこの家族の絆を特徴づけてもいる．

ちなみに，婉曲表現の中には(13)とは逆に，音が似ているため，類似のタブー語を想起させることを理由に，言い換えられる例もある．たとえば6人編成の楽団は "sextet" といわずに "quintet" で代用することがある（松浪ほか編 1994: 769）．

(11a)にあげた置き換えによる婉曲表現は慣用化の度合いが高い．たとえば，(12)で用いられていた "fall asleep" はコンテクストによって「眠る」ではなく，「死ぬ」を意味することがある（Goatly 1997: 159）．このような表現の婉曲性は，発話のコンテクストで，必要に応じてアドホックに導き出されるが，慣用化の度合いが高いため，多義語の一義化との区別が難しい．

置き換えによる婉曲表現は語句に限らず文のレベルでも生じる．文のレベルでの婉曲表現の顕著な例は間接発話（indirect speech）に見られる．

(14) Clarisse: <u>You can come in now</u>.
    Joseph: <u>If I may say so</u> ... <u>that</u> did <u>not</u> go <u>very well</u>.
    Clarisse: <u>Is this the way a princess should act?</u>
    Joseph: <u>My information tells me</u> <u>that boy</u> was using her.

(映画 *The Princess Diaries*)

上記の例では多くの婉曲表現が用いられている．まず Clarisse のセリフは，2か所とも婉曲表現として，間接発話が利用されている．1行目の Clarisse のセリフは，"Come in now." という命令文を，許可を表す平叙文 "You can come in now." の形で表現している．また，続く Clarisse のセリフも "A princess should not act like that." という平叙文によって直接的に主張するかわりに，婉曲表現として疑問文を用いている．さらに，これら二つの間接発話の例以外にも(14)には婉曲表現が利用されている．たとえば Joseph のセリフには，垣根言葉 "If I may say so" が挿入されていたり，"bad" が "not ... very well" と言い換えられていたり，さ

らに"My information tells me"という緩和表現も付け加えられている．

また，(14)のJosephのセリフには2回，代名詞のthatがあらわれる．プリンセスが巻き込まれたスキャンダルのことを一つ目の"that"で，二つ目の"that boy"はプリンセスをだました男のことを遠回しに表現している．このように，語の置き換えの婉曲表現として，表現対象を表す名詞のかわりに代名詞が用いられることもある．たとえば，性行為"sex"を"it"で置き換えた"Do you want to make it?"（Neaman and Silver 1983: 225）などは慣用化したパタンの一例である．

また，"some"ではじまる代名詞や副詞も婉曲表現として用いられる．

(15) Eugene: Mrs McKinney, why don't you put down in writing your little and loud complaints and I'll make sure they get put in the suggestion box.
　　 Arlene: Jesus. You are really <u>something</u>.
　　 Eugene: Thanks. I appreciate the euphemism …. I really wanna be <u>something</u>.
（映画 *Pay It Forward*）

(15)は学校に苦情を言いにきた主人公の母親Arleneと担任の教師Eugeneのやりとりである．ここで"something"は「何か」ではなく「立派な人物」の意味で用いられている．ArleneはEugeneのことを快く思っていないので，下線部の表現を含む"You are really something."（あなたは本当に立派な方ね．）は，本音とは逆の内容を表現することで「偉そうで嫌なやつ」という嫌悪を伝えるアイロニーであることは，コンテクストから理解できる．Eugeneもそのことを分かったうえで，本音とは逆に「私が立派な人物だということを，婉曲表現を使ってまで丁寧にほめてくれてありがとう」と皮肉をこめて，アイロニーで切り返す．ちなみに，(15)の"something"を含むArleneのセリフが婉曲表現であると表面的にでも解釈できるのは，Eugeneのセリフに"I appreciate the euphemism."とあることからも明らかである．

また，もとの表現を短縮することよってつくられる婉曲表現もある．

(16) 短縮（shortening）

OMG [Oh my God], WTH [What the hell], SOB [son of a bitch]

(16)のような頭字語（acronym）を用いた婉曲表現の中には，(2c)にあげた語用論的制約を伴う，軍事に関する例もある．Neaman and Silver (1983)は ICBM (Inter Continental Ballistic Missiles, 大陸間弾道ミサイル), MIRV (Multiple Independently-targetable Reentry Vehicle, マーヴ), や MAD (Mutually Assured Destruction, 相互確証破壊) を例にあげ，頭文字語化によって神秘的な響きを持たせ，非人間化・一般化・抽象化することで対象の実態を曖昧にする婉曲表現であると述べている（Neaman and Silver 1983: 286）．これらは(6)と同様のダブルスピークの例とも言える．さらに，婉曲表現としての語の短縮（shortening）は，頭字語や頭文字語（initial words）だけに限らず，以下のような語の一部の省略形（clipping）にも見られる．

(17) The ethics boards have determined even the language scientists use. At home I kill mice; in the lab I 'sacrifice' them. In everyday conversation this is shortened to sac'ing: as in, *did you sac those heterozygotes today*?
(A. Christy, "Sacrifice: When Scientists Have to Kill," http://www.lablit.com/article/394)〈アクセス：2016/3/16〉

この例では実験動物を殺処分することを"kill"（殺す）ではなく"sacrifice"（犠牲にする），さらに短縮して"sac"と呼ぶと表現している．もちろん，これらの婉曲表現もまた，語用論的制約を受けた倫理的配慮を示す婉曲表現である．
　さらに，ソーシャルネットワークの発展に伴って現れた，Eメールなどで用いられる独特の表現もある．

(18) 記号化（symbolization）：oxox [kiss and hug], <3 [love], (-}{-) [kiss]

これらは表音文字であるアルファベットをあえて表意文字として用いたエモティコン（絵文字，emoticon）である．"oxox"は口づけの際の口の形と交差する腕，"<3"はハート型を横から見た形，kiss は瞳を閉じた二人の人物が向かい合っている姿である．これらは対象と距離を置くことで婉曲に伝えているとも考えられ

ることに加え，ある特定の集団内では自明の表現であるため，仲間内での連帯感を高める隠語の働きもある．

2.2.3 言語的特徴 b：垣根言葉の挿入（hedging）

表現自体を置き換えるのではなく，もとの表現に何らかの表現を付け加えることもまた，婉曲表現として位置づけることができる．この種の婉曲表現は垣根言葉と呼ばれる．たとえば(19)の"I mean"は垣根言葉の一例である．

(19) Violet: You listened to my tape?
　　 Kevin: No, of course not. <u>I mean</u>, that would be invasion of privacy. "Baby, you're the right kind of love …."
　　 Violet: Go ahead. Laugh it up. 'Cause there's nothing you can say that's gonna bother me.
　　 Kevin: I'm just trying to tell you I like your music. <u>I mean</u>, do you always take compliments so well?
　　 Violet: I gotta go.
　　　　　　　　　　　　　　　　　　　　　　（映画 *Coyote Ugly*）

ここで用いられている"I mean"はどれも文法的には省略可能である．しかしあえてこれらの表現を挿入し，後続する表現の前置きをすることで，"I mean"の持つ緩和（mitigation）の効果が得られる（高原 1982）．

Lakoff（1973）は垣根表現を，語の意味を広げたり，狭めたりする表現として位置づけた．そして接頭辞や接尾辞から動詞句に至るまで広い範囲の例をあげている．Lakoff（1973）の分類には婉曲表現以外にも語の意味を強調する表現や，語や文の書き換えに関わるものも含まれているため，かならずしもここでの分類とは一致しないが，垣根言葉は広い範囲にわたって発話解釈に影響を及ぼす．ここでは表現の挿入に関わる婉曲表現としての垣根言葉に注目し，(20)に分類する．

(20) a. 語：somewhat, like, er, uhn, please
　　 b. 句：kind of, more or less, for the most part, something like that, in a sense
　　 c. 談話標識（discourse marker）：well, you know, now, I mean

(21)は(20a)の副詞，間投詞などの語の挿入の例である．

(21) a. Things have changed _somewhat_.
　　 b. I _rather_ think you're right.
　　 c. I _slightly_ regret not accepting their offer.
　　 d. We discussed it _a little_.
　　 e. He _little_ realized what he was letting himself in for.
　　　　　　　　　　　　　　（Huddleston and Pullum 2002: 722-723）

また，このほか間投詞"uh"や(12)の"er"なども語レベルでの垣根言葉と言える．句レベルの垣根言葉には，(22)のような例がある．

(22) a. A penguin is sort of a bird. 　　　　（Lakoff 1972: 471）
　　 b. Tom has just got married but he is still sort of a bachelor
　　 c. Tom has just got married but he is a typical bachelor*
　　　　　　　　　　　（以上2例は原著通りの表記，Itani 1995a: 90）

(22a)(22b)の下線部では語彙概念の拡張（loosening），(23c)では語彙概念の狭め（narrowing）が行われている．(22a)の場合，"penguin"は鳥の持つ典型的な特性を持たないため，真として受け入れられにくい．そのかわり"sort of"を挿入することで"bird"の概念が広げられ，"penguin"も解釈に含めることができる．これに対して，"a typical"は語彙概念を狭める．これは(22b)が容認されるのに対して，(22c)が容認されないことから分かる．(22)の下線部のうち，婉曲表現として用いられている垣根言葉は，(22a)と(22b)の"sort of"である．たとえば瀬戸（1997）は婉曲表現が創出される語彙操作について「移す」「ずらす」「ぼかす」「反転させる」「外来語の使用」などをあげている．ここでいう「ぼかす」は垣根言葉でいう語彙概念の拡張に当たる．

　(22)のような垣根言葉の機能について，Itani（1995a）は意図する解釈に関する情報を与えることで，聞き手が解釈の際に費やす労力を減らすと指摘している（Itani 1995a: 104）．また戸澤（2015）も，婉曲表現を含む注釈表現について，話し手の関連性と聞き手の関連性のギャップを埋めるための表現であると指摘して

いる（戸澤 2015: 20）（(19) の "I mean" のような談話標識については第 3 章を参照のこと）．つまり，垣根言葉はあえて遠回しにいうことで，話し手の望む解釈へ受け手を導く手がかりとして有効に用いられていると考えられる．

2.2.4　言語的特徴 c：省略（elimination）

省略を利用した婉曲表現は，表現されない表現，いわば「ゼロ婉曲表現」であると言える．発話解釈のプロセスにおいては飽和（saturation）と呼ばれるプロセスと深く関わっている．言語的に示された要素から何かが省略されていることは分かるが，それは明示されていない．矛盾しているようではあるが，省略による婉曲さは「あえて言わない」ことで伝達される．

(23) Larry:　Of course I like you. You're incredible. I think you're an amazing person. You're ... It's just there are certain issues that would prevent us from ... I just ... I just ... You're ... <u>You're not ...</u>
Amelia:　I'm not what, Mr. Daley?
Larry:　Okay. You're ... made of ...
Amelia:　Made of ...
Larry:　Wonderful things. You're made of good, wonderful things.
（映画 *Night at the Museum 2*）

(23) は Larry がろう人形の Amelia に彼女自身がろう人形であるということを知らせようとして思いとどまる場面である．ここで一つ目の Larry のセリフ "You're not ..." の後に省略されているのは "a human being" であると推測できる．また "You're made of ..." の後も実は "wax" と表現すべきところを "wonderful things" と婉曲的に表現している．相手に嘘をつくことなく，真実を隠すという (2c) の語用論的制約を配慮するがために省略が起こっている．以下の例でも同様に，ロボットである Andrew が "A robot?" と発話することで，省略された要素を補っている．

(24) Portia:　Sometimes I get the feeling that ... you feel a certain way about us ... and that you ... wish your ....

Andrew: What?
Portia: I don't know. It's <u>just a little</u> ... having this conversation with .... uhm ... well ....
Andrew: A robot?
Portia: Yes. I mean, a thing is itself, Andrew. A tree is a tree. Water is water. You are a magnificent machine.　　（映画 *Bicentennial Man*）

これらの省略表現で興味深いのは省略表現の前に"just"や"a little"などの垣根言葉が多く用いている点である．上記2例においては，話し手は相手に伝えにくいことを伝えようとしている点では共通している．しかし，何かを表現することによって伝えるのではなく，何かを表現しないことによって伝えている点では，(11a)の置き換えや(11b)の垣根言葉の挿入による婉曲表現とは大きく異なる．

2.2.5　言語的特徴 d：談話の間（pausing）

間を置くことでも話し手のためらいを示し，表現を和らげることができる．(25)の間はすべて下線部を婉曲に表現するためのものである．

(25) Miranda: I always hire the same girl. Stylish, slender, of course, worships the magazine. But so often, they turn out to be ... I don't know. <u>Disappointing</u>. And ... um... <u>stupid</u>. So you, with that impressive résumé and the big speech about your so-called work ethic, I ... um .... I thought you would be different. I said to myself, "Go ahead. Take a chance. Hire the ... <u>smart fat girl</u>."
　　　　　　　　　　　　　　　　　　　　（映画 *The Devil Wears Prada*）

(26)では金目当ての結婚について言いよどみ，"Money"と答えるまで間が開いている．

(26) Leopold: By my 30th birthday, I had, according to my uncle, become a blemish on the family name. So he brought me to this country with the proviso I marry an American. A girl with a good deal of, um...
Kate:　　Charm?

> Leopold: Money. Since my parents died our family fortune had become, shall we say, depleted.
>
> （映画 *Kate & Leopold*）

　この例は一見，省略と似ているようではあるが，ゼロ婉曲表現ではなく，最終的に表現対象が"money"であることを，発話者自身がはっきりと示している．このことから，婉曲表現としての意図は"um"という談話標識，さらにその後に続く間によって表現されているとも言える．また，先にあげた(5)でも後に"Almost like a … real person"を挿入することで"big"の持つ"fat"の意味を排除しようとしていた．この例も間を利用した婉曲表現であると考えられる．

　これまで見てきたように，婉曲表現にはパタン化されたものと語用論的に生み出されるものがある．これは表現内容のパタンと言語的特徴の両方に見られた特徴である．婉曲表現は慣用的に用いられるほか，コンテクストに依存する側面もあると言えるだろう．次節では婉曲表現の他の側面について触れながら，コミュニケーションの多重性について考えてみたい．

◆ 2.3　婉曲表現の慣用性

2.3.1　ことば遊びとしての婉曲表現

　婉曲表現は遠回しに表現するだけではなく，他の効果を狙って用いられることもある．

(27) a. The brave may <u>not live forever</u>, but the cautious do not live at all.

（映画 *The Princess Diaries*）

　　b. *What to Expect when You're <u>Expecting</u>*　　（Murkoff and Mazel, 2016）

　　c. If you wanna be <u>somebody</u>
　　　if you wanna go somewhere
　　　You'd better wake up and pay attention

（映画 *Sister Act 2: Back in the Habit*）

　(27a)は亡き父が生前に娘に残した手紙の中で述べられる格言，(27b)は妊婦向けベストセラー書籍のタイトル，(27c)は劇中歌の歌詞である．それぞれが表現中の

他の部分と韻を踏ませることを目的に用いられている．(27a)の"not live forever"は"die"の意味で用いられているが，"live"を繰り返すために婉曲表現が使用されている．また，(27b)は"expect"と"pregnant"の意味の"expecting"，(27c)は"somewhere"と(15)の"something"と同じく"important person"を意味する"somebody"が用いられている．さらに，音の繰り返しは単なることば遊びとしてだけではなく，談話の流れの中で効果的に用いられることもある．以下の例は繰り返し用いられる"Me too!"という婉曲表現の繰り返しによって実際の年齢が徐々に明らかになっていく．

(28) Penny: How old are you?
 William: Eighteen.
 Penny: <u>Me too!</u> How old are we really?
 William: Seventeen.
 Penny: <u>Me too!</u>
 William: Actually, I'm sixteen.
 Penny: <u>Me too.</u> Isn't it funny? The truth just sounds different.
 William: I'm fifteen.
 (映画 *Almost Famous*)

(28)ではわざと同じ音を繰り返すことで"Tell me the truth."を婉曲的に表現している．ここでも他の婉曲表現を用いずに同じ音を繰り返すことによって遠回しに真実を述べるよう促している．加えて，反復による強調効果も得られる．

2.3.2 慣用化と意味の希薄化

先に見たような音の繰り返しを含む意味の慣用化は婉曲表現以外にも見られる．たとえば窪薗（2008）は以下のような直喩表現を例にあげている．

(29) bold → as bold as brass （真鍮のように大胆で＝実に厚かましい）
 cool → as cool as a cucumber （きゅうりのように冷たい＝冷然とした，落ち着きはらった）
 dead → as dead as a door-nail （戸釘のように死んだ＝死んでしまった）
 (窪薗 2008: 35)

窪薗（2008）はこれらの表現は「名詞と形容詞の間に意味的な関連性が薄く，頭韻を踏ませるために作られた」（窪薗 2008: 34）と指摘している．しかし慣用化が進めばこれらの表現が持つ不自然さは薄れ，逆にその表現が表現のイメージを形作ることもある．このようなプロセスによって生まれた，当初は創造的だったはずの表現は，慣用化が進むにつれて陳腐な決まり文句として捉えられるようになっていく．

このような意味の変化は婉曲表現にも見られる．たとえば，Neaman and Silver（1983）は「婉曲表現には変化がつきものだ」（"For the nature of euphemism is change." Neaman and Silver 1983: 14）と述べている．また，婉曲表現とは対極に位置する罵り語（swearing）について高増（2000）はたとえば糞便を表す "shit" はもともと内容的にも表現的にもタブーではなかったが，不快な感情を表す罵り語として用いられたのは 20 世紀に入ってからだという（高増 2000: 33）．また，英語で罵り語をあらわす "swearing" も，もとは神への誓いを表していたのが非宗教的なモードへと変遷したことを指摘している（高増 2000: 108-29）．

この章の冒頭で取り上げた(1)の表現は日本語文化圏ではここ数年，目立って用いられるようになってきたが，よく似た例は英語にも見られる．

(30) PLEASE ALLOW OUR
　　　GRASS TO GROW
　　　THANK YOU　　　　　　　　　　　　　　　　　　　（尾崎 2004: 109）

上記は芝生の上に立てられた看板の表現である．"KEEP OFF THE GRASS" や "DON'T STEP ON THE GRASS" と直接的に表現していないことはもちろん，(1)と同じく，先に謝礼を述べていながらも，婉曲的に強い依頼を行っている．

これらの表現は直接依頼するのではなく，依頼内容が達成された場合を前提とした婉曲表現である．それゆえ，依頼内容を達成していない場合は事実に反する発話となり，聞き手によっては不快感を抱くことになるだろう．その不快感を払しょくするために，急いで当該行為を行う，または修正する聞き手がいるかもしれない．これらの表現のねらいはそこにある．しかし，慣用化が進めば効力をなくし，形骸化してしまう．その結果，嫌味を伴った，偽悪表現としての意味を持

つに至る可能性もある．

2.3.3 「婉曲」である必要性

婉曲表現が用いられるのは言語表現自体に配慮してのことではない．婉曲表現は聞き手に配慮してはじめて生じる．長年，修辞的技巧として用いられてきたのも，対人コミュニケーションの場面でそれなりの効果があると直感的に理解されているからである．

(2)の分類はすべて相互に排他的ではない．それどころか，(2c)の語用論的制約が婉曲表現の使用には常に関係しているとも言える．見てきたように，基本的にどの婉曲表現も，語用論的要素，つまりコンテクストなしでは成り立たない．それゆえ，過剰に使用されるとその効果がうすれ，(10)のような過剰反応を生じさせることになる．婉曲表現のもとの機能，コミュニケーションを円滑に進める機能がなくなるのである．その結果，また新たな婉曲表現を求めるようになるとも言えるだろう．

ここまで見てきた婉曲表現の多くはパタン化されたもので，慣用化の度合いが高いものが多かった．しかし，コンテクストにおいて純粋に語用論的に解釈できる婉曲表現もある．

(31) Joseph: You were never just my queen, Clarisse. You were the someone that I wanted to spend the rest of my life with. But, if you prefer that I see you first and foremost as my queen ... I shall oblige.
Clarisse: No, Joseph ...
Joseph: Your Majesty.　　　　　　　　　　（映画 *The Princess Diaries 2*）

Clarisse 女王の側近であり恋人でもある Joseph は Clarisse に "Your Majesty"（女王陛下）と呼び掛けることで，Clarisse に対して愛情を注ぐ対象としてではなく，自ら仕える女王として今後は接することを伝えている．これは"I will see you as my queen." や "I will not marry you." を婉曲的に表現していると考えられるが，もとの表現自体は生理的タブーでも社会的タブーでもない．もちろん，"Your Majesty" 自体は女王に対する婉曲的な呼び掛け語なので，社会的タブーに配慮した婉曲表現ではある．しかし，このコンテクストで重要なのは女王に対して敬

意を表していないか,ではなく,むしろその逆の,距離を置いた存在として遠ざけるいわば拒絶の態度である.この意味で,(31)の婉曲性はコンテクストの中からこそ引き出される.婉曲表現は文化的,言語的な慣習の一部としてパタン化されている現象としてだけではなく,可変的な意味の創出を担う語用論的現象としても捉える必要があると言えよう.

より深く勉強したい人のために

- 婉曲表現が生み出される背景や動機については J.S. ニーマン・C.G. シルバー著,本名信行ほか訳 (1983)『英米タブー表現事典』大修館書店が役に立つ.英米でタブーとされる表現を七つの大罪という西洋的価値観から分類し,豊富な解説を付している.それらのタブーを避けるための婉曲表現の実例や解説も豊富で,婉曲表現に関する多くの情報が得られるだろう.
- 婉曲表現によって配慮の対象となるタブー表現や罵り語の通時的側面については高増 (2000) が詳しい.先行研究はもちろん,豊富な実例を参照しながら,個々の表現の歴史的背景について知ることができる.
- Itani (1995a) および Itani (1995b),戸澤 (2015) では関連性理論の観点から垣根言葉の分析がなされている.婉曲表現が発話理解においてどのような役割を担っているのかについて,語用論的観点からの知見を得ることができる.

文献

荒木一雄(編)(1999)『英語学用語辞典』三省堂.
尾崎哲夫 (2004)『英語の看板がスラスラ読める』新潮新書.
窪薗晴夫 (2008)『ネーミングの言語学:ハリーポッターからドラゴンボールまで』開拓社.
瀬戸賢一 (1997)『認識のレトリック』海鳴社.
高原脩 (1982)「談話標識 I mean の機能」『英語青年』133(3): 1, 9.
高増名代 (2000)『英語のスウェアリング:タブー語・ののしり語の語法と歴史』開拓社.
戸澤裕子 (2015)「発話に対する注釈表現」『金城学院大学金城学院大学論集:人文科学編』11(2): 77-86.
中島信夫(編)(2012)『語用論』開拓社.
中野弘三・服部義弘・小野隆啓・西原哲雄(監修)(2015)『最新英語学・言語学用語辞典』開拓社.
東森勲・吉村あき子 (2003)『関連性理論の新展開:認知とコミュニケーション』研究社.
松浪有・池上嘉彦・今井邦彦(編)(1994)『大修館英語学事典』大修館書店.
Albakry, Mohammed (2004) "U.S. 'Friendly Fire' Bombing of Canadian Troops: Analysis of the Investigative Reports," *Critical Inquiry in Language Studies: An International Journal*

1(3): 163-178.

Albom, M. (1997) *Tuesdays with Morrie: An Old Man, a Young Man and Life's Greatest Lesson*, New York: Anchor books.

Clark, Billy (2013) *Relevance Theory*, Cambridge: Cambridge University Press.

Goatly, Andrew (1997) *The Language of Metaphors*, London: Routledge.

Huang, Yan (2007) *Pragmatics*, Oxford: Oxford University Press.

Huddleston, Rodney and Geoffrey K. Pullum (2002) *The Cambridge Grammar of the English Language*, Cambridge: Cambridge University Press.

Itani, Reiko (1995a) "A Relevance-Based Analysis of Lakoffian Hedges: Sort of, a Typical and Technically," *UCL Working Papers in Linguistics* 7: 87-105.

Itani, Reiko (1995b) "What is to 'Hedge'?" Kanagawa University Studies in Language18: 61-82.

Lakoff, Gorge (1973) "Hedges: A Study in Meaning Criteria and the Logic of Fuzzy Concepts," *Journal of Philosophical Logic* 2(4): 458-508.

Murkoff, H. E. and S. Mazel (2016) *What to Expect when You're Expecting*, New York: Workman Publishing.

Neaman, Judith S. and Garole Silver (1983) *Kind Words: A Thesaurus of Euphemisms*, New York: Facts on File Publications（本名信行・鈴木紀之（訳）(1993)『英米タブー表現事典』第5版, 大修館書店).

Parker, Philip M (ed.) (2008) *Euphemisms: Webster's Quotations, Facts and Phrases*, California: ICON Group International.

Quirk, Randolph, Sidney Greenbaum, Geoffrey Leech and Jan Svartvik (eds.) (1985) *A Comprehensive Grammar of the English Language*, London and New York: Longman.

Sperber, Dan and Deirdre Wilson (1995) *Relevance: Communication and Cognition*, Second Edition, Oxford: Blackwell（内田聖二・中達俊明・宗南先・田中圭子（訳）(1999)『関連性理論：伝達と認知』第2版, 研究社).

Tannen, Deborah (1990) *You Just Don't Understand: Women and Men in Conversation*, New York: Ballantine Books.

Wales, Katie (2011) *A Dictionary of Stylistics*, Third Edition, London: Longman.

Wilson, Deirdre and Dan Sperber (2012) *Meaning and Relevance*, Cambridge: Cambridge University Press.

映画・DVD

Almost Famous (2000)『あの頃ペニー・レインと』ソニー・ピクチャーズエンタテインメント (2001).［2000年公開, 2001年発売. 以下同様］

Bicentennial Man (1999)『アンドリューNDR114』ソニー・ピクチャーズエンタテインメント (2009).

Coyote Ugly (2000)『コヨーテ・アグリー 特別編集版』ブエナ・ビスタ・ホーム・エンタテイ

メント (2005).

Kate & Leopold (2001)『ニューヨークの恋人 DTS　ディレクターズカット・エディション』ハピネット・ピクチャーズ (2004).

Little Miss Sunshine (2006)『リトル・ミス・サンシャイン』20世紀フォックス・ホーム・エンターテイメント・ジャパン (2012).

Night at the Museum 2 (2009)『ナイト・ミュージアム2 特別編』20世紀フォックス・ホーム・エンターテイメント・ジャパン (2010).

Pay It Forward (2000)『ペイ・フォワード』ワーナー・ホーム・ビデオ (2010).

Sister Act 2: Back in the Habit (1993)『天使にラブ・ソングを2』ブエナ・ビスタ・ホーム・エンターテイメント (2005).

The Devil Wears Prada (2006)『プラダを着た悪魔』20世紀フォックス・ホーム・エンターテイメント・ジャパン (2012).

The Imagination of Dr. Parnassus (2009)『Dr. パルナサスの鏡』ジェネオン・ユニバーサル (2010).

The Princess Diaries (2001)『プリティ・プリンセス　特別版』ブエナ・ビスタ・ホーム・エンターテイメント (2005).

The Princess Diaries 2 (2004)『プリティ・プリンセス2 ロイヤル・ウエディング　特別版』ブエナ・ビスタ・ホーム・エンターテイメント (2006).

第3章　対話における談話標識

大津隆広

◆ 3.1　談話標識とは

　談話標識 (discourse marker: DM) とは単一の文法カテゴリーを形成するものではなく，多様な文法カテゴリーからなる連結表現のグループである (Fraser 1990: 388-389, Fraser 1999: 943)．一般的には，but や so のような接続詞，however や like のような副詞，after all や in other words のような前置詞句などがあげられる．しかし，発話の合間に挟み込む you know や I mean のようなフィラー (filler)，oh や well などの間投詞も，文法カテゴリーが厳密に特定できないことと発話内容に対する話し手の態度や聞き手との関係性が表現されている点から，談話標識と同じ枠組みで議論を行うことが可能である．

　歴史語用論 (historical pragmatics) において，談話標識は，語彙情報を持つ言語表現が「命題的」(propositional) から「テキスト的」(textual)，「対人関係的」(interpersonal) へとその主要な意味が変化した機能表現であり，談話や対話における話し手の主観的な態度を表す．after all を例にとると，「すべての後で」という時を表す前置詞句から，「すべてのことを考慮して／考慮したが」という認識的な意味を持つ副詞句，「主張を認めてもらうための根拠をあげれば」という意味で聞き手に対する話し手の主観的な態度を表す談話標識へと変化している．語彙情報を符号化した言語表現から談話標識への意味変化は，主観化 (subjectification) あるいは間主観化 (intersubjectification) の方向性と捉えることも可能であり (cf. Traugott 2003: 129-134)，対話における談話標識やつなぎ言葉の意味はより主観的あるいは間主観的であるとも言えるであろう．

　談話標識は，談話分析 (discourse analysis) や会話分析 (conversational

analysis), 関連性理論 (Relevance Theory) などの分野でその意味や機能が盛んに研究されている. 談話分析において談話標識は, 先行する談話との結束性 (coherence) を明示することでテキストの解釈に貢献する言語表現として捉えられている. そのために, 談話標識は二つのテクスト単位の特定の結束関係を確定する役割を果たすことになる (Schourup 1999: 240). 会話分析は, 話し手と聞き手の相互作用環境における会話のまとまり (sequence) や順番交替 (turn) を分析の対象とする. そのため, 談話標識は話し手と聞き手の関係性の構築の道具として捉えられている.

一方, 関連性理論において, 談話標識はそれを含む発話の解釈に関わる推論を制約する表現として捉えられている. 言い換えれば, 談話標識は関連性が最良な解釈に至るために聞き手が立てる仮説の範囲に制限を加えることで聞き手の処理労力 (processing effort) を減らす表現とも言える. 本来, 談話標識は意図された認知効果 (cognitive effect) のタイプを直接的に符号化したものであると捉えられていた. 認知効果には, 文脈含意の派生 (derivation of contextual implications), 強化 (strengthening), 矛盾と排除 (contradiction and elimination) の三つのタイプがあるとされる. 現在では, 談話標識に符号化された制約は多様であるため, 制約は発話解釈に関わる推論のすべての情報に広げられるという考え方が主流である (cf. Blakemore 2004: 231). したがって, 結束性やスピーチアクトのカテゴリーでは類似の談話標識相互の細かな意味の区別が難しいものの (cf. Blakemore 2002: 161, 2004: 235), 個々の談話標識が符号化する手続きの詳細な定義により細かな意味の違いを記述することができるであろう. たとえば, Blakemore (2000: 479-484) や Blakemore (2002: 115-128) における逆接を表す but や however の比較による nevertheless の意味の区別や, 理由を表す because と after all との間の概念 (concept) と手続き (procedure) による意味の区別 (Rouchota 1998a: 34-35) などが挙げられる. 発話解釈への推論に貢献するこうした広い意味での談話標識には, but, so, after all のように命題同士を推論により結合させる手続きを符号化したもの, in other words や sort of のように概念を符号化したものなどがある. この節では, 類似のカテゴリー内の意味の弁別性という観点から, 対話において談話標識とフィラーが制約する推論のタイプを例証していく.

◆ 3.2 制約する推論のタイプ

3.2.1 前言の強化を意味する after all, in fact, indeed, actually

談話標識 after all, in fact, indeed, actually は前言を強化する手続きを符号化している．しかし，この「強化」という認知効果は，対話の枠組みにおいて詳細に記述する必要があるであろう．

after all は，後続節が前言を導き出す前提となる推論の中で，後続節を根拠として解釈するよう聞き手に制約を与える談話標識である（Blakemore 2002: 95, Carston 2002: 161）．(1)は，Fairchild 氏が David の婚約について娘 Sabrina の気持ちを聞き出している場面である．

(1) Fairchild: Then you don't care.
　　Sabrina:　Not too much. <u>After all</u>, he's not married yet.
　　Fairchild: I don't like that. I don't like the sound of it.
　　Sabrina:　But don't you see, father, everything has changed?
　　　　　　　　　　　　　　　　　　　　　　　　　　（映画 *Sabrina*: 41-42）

Sabrina は「David の婚約を気にしない（I don't care too much）」と主張するため，after all 節の「彼が法的には結婚に至っていない」ことを根拠（evidence）としている．ここでの根拠とは，前言を論理的に理由づけるものではなく，主観的な主張を聞き手に納得させるための呼び出しやすく反駁しにくい周知の事実のことである．こうした根拠を用いて主張を行うのは，自身の主張と David の婚約を気にするような内気な娘だと捉えている Fairchild 氏の想定との間に認識の隔たりがあると感じるからである．したがって，after all による主張の「強化」は，その主張と相反する他者の想定との対立のコンテクストで遂行されると言える．

一方，(2)は文中に用いられた after all の例である．

(2) Katharine: We're in the same city now. I've indicated that I'm receptive to an offer. I've cleared the month of June. And I am, <u>after all</u>, me.
　　Tess:　　Well, what if he doesn't ... pop the question?
　　　　　　　　　　　　　　　　　　　　　　　　　　（映画 *Working Girl*: 30）

Katharine は結婚のプロポーズを受けるために6月のスケジュールをすべて空けたことに対して,「自分のことを決めるのは自分しかいない」という根拠を持ち出している.文中で想起的に用いられているため,聞き手 Tess への強い反論を示唆するようには感じられない.しかしながら,Katharine は,恋愛に積極的ではない Tess に対してその大胆な行動を納得してもらうために,同意するか否かにかかわらず否定しにくい真理を根拠として持ち出していると言える.

after all は (3) のように譲歩的に文末でも用いられるが,同様に,この用法も聞き手に何らかの根拠をもとにした解釈を求めている.

(3) I most certainly am an old ogre, and don't you let on any different. Will you come and see me? [Anne nods] Then go tell Diana she can be a concert pianist <u>after all</u>.　　　　　　　　　　　　　　　　　　　　　　(映画 *Anne of Green Gables*: 105)

話し手 Miss Barry は Diana の行儀の悪さに腹を立てているが,Anne は Diana の弁護をすることで Miss Barry に彼女のピアノレッスンを懇願している.文末の after all ではその主張に至った具体的な根拠は明示されない.しかしながら,「彼女はコンサートピアニストになれる」という主張への Miss Barry 自身の心境の変化に至るさまざまな想定 (Anne の弁護や Miss Barry 自身が出した条件など) の考慮があたかも主張の根拠として解釈するよう伝達される.文末で用いられた場合も含めて,after all 節は聞き手にとって呼び出し可能な内容 (真だと認めているあるいは認めざるをえない世界知や周知の事実など) を伴うと言える.このことは,話し手の半ば主観的な主張が首尾よく受け入れてもらえるように,また唐突な主張に響かないように,その緩和を試みるものであり,after all が元来垣根表現 (hedge) 的であることが分かる.

次に,in fact による「前言の強化」の例を見ていこう.

(4) Well, I've, I've never been here before. I've, I've, I've never been to this side of town before, <u>in fact</u>.　　　　　　　　　　　　　(映画 *School of Rock*: 142)

話し手 Ms. Mullins はコーヒーに誘われるが,連れて来られた場所はバーである.彼女は,このバーが初めてであるだけではなく,町のこちら側自体に来るのが初

めてであると正確に言い直すことで，見知らぬ場所へ連れてこられたことへの戸惑いが伝達されているという説明が可能であろう．(5)では，弁護士Concannonは，偽証（perjury）は重大な犯罪であるので決してやらないようにと証人Kaitlinに宣誓を求めている．

(5) Concannon: It is a crime. A serious crime.
    Kaitlin: I wouldn't do it.
    Concannon: You would not?
    Kaitlin: No.
    Concannon: <u>In fact</u>, you've just taken an oath that you would not commit perjury. You've just sworn to that. Isn't that right?

(映画 *The Verdict*: 113)

Concannonの最後の発話は，Kaitlinの発言"No"（つまり「重大な犯罪である偽証は行なわない」）の意味を強めている．実際には，Kaitlinの発言を詳細に言い直すことで偽証しないことを念押しあるいは確認していることになる．

Traugott and Dasher (2002: 157-174) では，通時的意味変化の観点から，in fact, indeed, actuallyの三つの談話標識について，in factを「前節の正当化，自己修正的説明 (self-corrective elaboration)」, indeedとactuallyを「付加 (additivity)」と分析している．しかしながら，これらは独話のコンテクストでの議論であり，対話のコンテクストにおいて聞き手の想定との関係の中で用いられた場合，それぞれが微妙に異なる振る舞いを見せる．indeedの例(6)とactuallyの例(7)を見てみよう．

(6) A: The statement before us is defective in almost exactly the same points as the draft statement, with only marginal improvements in these areas.
    B: <u>Indeed</u> I think we can say that it is worse than the draft statement because some of the good points in the original have been removed.

(BNC: F85)

(7) Trask: Well, let's get you over there?
    Tess: <u>Actually</u>, I really should go powder my bathroom ... nose.

(映画 *Working Girl*: 66)

(6)で，話し手 A は，完成した目の前の説明書が草案段階のものと同じくらい欠陥があることを指摘している．それに対して，話し手 B は草案段階でのよい点が削除されているという事実を提示して，話し手 A の否定的な意見に同意している．indeed が事実や証拠を追加して相手の意見へ同意するのに対して，対話で用いられた actually は逆に相手の発言への否認の推意（implicature）を伝達する．(7)は披露宴会場の場面であるが，Trask から席を案内されているにもかかわらず，Tess は「化粧を直しにいかなきゃ」と暗にその案内を断わる発言を続けている．この例のようにフェイス（face）を脅かす行動を伴う場合，発話冒頭の actually はフェイスを保つための緩和表現となる（cf. Oh 2000: 257）．indeed の肯定性，actually の否定性は，対話の返答でよく観察される "Yes, indeed.""No, actually ..." という連鎖からもうかがえるだろう．

3.2.2 前言の否認を意味する but, however, nevertheless

談話標識 but, however, nevertheless の意味は類似しているが，相互に補完的に用いられる．独話と同様に，話者交代の対話においても，A but B という発話の連鎖の解釈は，A と B の矛盾の中で A を削除するという手続きに基づいている（Blakemore 2002: 107）．

(8) Marcus: Did you ask me if I wanted to be a vegetarian?
    Fiona: What? When you were born? No, I do all the cooking, and I don't wanna cook meat, so you have to eat what I eat.
    Marcus: But you don't let me go to McDonald's either.
(映画 *About A Boy*: 72)

母親の Fiona は息子 Marcus が菜食主義者であるかのごとく肉料理を作ってあげない．「肉料理以外の料理を食べなくてはならない」という母親の発言に対して Marcus が用いる but は，どのような矛盾を作り出し，何を削除することで対話を構成しようとしているのであろうか．but により削除されるものは発話の推意であることが多い．Marcus は，Fiona の発言から推意される「肉料理は外食で済ませてもかまわない」という想定が認められてもおかしくないが，結局それが削除される（認められない）という不満を抱いていることがわかる．(9)は単独で発

話を構成している例である．

(9) Will: I'm not your uncle. I'm not your big brother. And I think we've established pretty firmly now I'm not your father either, am I?
    Marcus: But ...
    Will: I'll tell you what I am.　　　　　　　（映画 *About A Boy*: 128-130）

　母親の問題をしつこく相談する Marcus に対して，Will は自分とは無関係なことだと突っぱねる場面で，Marcus は「でも…」とそれを遮って何かを反論しようとする．この but 一語文においても，A but B という二つの想定の矛盾と A の削除の過程を聞き手が辿るよう指図されている．Marcus は，「家族ではないので家庭の問題を解決する必要はない」という Will の発言の意図を理解しながらも，それを却下して「これまでの親密な付き合いから他人の家庭の問題にも力を貸してほしい」という自身の気持ちを伝達しようとしていると言えよう．
　興味深いことに，however や nevertheless には but よりも細かな手続きが符号化されている．新たに担任となった教師が生徒たちへ向けて語る(10)では，but と however が連続して用いられている．

(10) I shall do my very best to live up to the standards you were used to under Mr. Phillips. But I caution you, I'm unfailingly strict about punctuality and attention in class. However, I do believe that the best teacher serves as a guide.
　　　　　　　　　　　　　　　　　　　　　　　（映画 *Anne of Green Gables*: 73）

but の手続きとして，「これまで慣れ親しんだ Phillips 先生の教え方を踏襲した授業を行うよう努力する」という先行発話から導かれる「何もこれまでと変えることはない」という推意と話し手の教育方針である「時間励行と授業への集中力の要求」との矛盾の中で前者の削除が求められる．一方，however には，単なる「矛盾と削除」ではなく，前言から派生する他の想定との矛盾の中でその想定を削除するという手続きが符号化されていると言える．つまり，but 節の「時間励行と授業への集中力の要求」から派生するその他の想定（時間励行や集中力を要求するばかりで生徒を手引きする指導者としての役割を果たさないこと）と

however 以下の想定の矛盾の中で前者が削除されている．そのため，ここでの however の翻訳には「ただし」のような前言の命題自体は容認するような日本語が適切であろう．テキスト上では "A but B however C" という逆接の連鎖になるため，but と however が発話を二重に否定しているように見えるが，実際には A と C が同じ命題になるわけではないことがわかる．

(11) では話者交代のコンテクストで but と nevertheless が用いられている．

(11) Schmidt: There'll be new drapes at the windows ...
　　 Maria:　 New drapes? <u>But</u> these are fine.
　　 Schmidt: <u>Nevertheless</u>, new ones have been ordered.
　　　　　　　　　　　　　　　　　　　　（映画 *The Sound of Music*: 50）

新しいカーテンを買うこと聞いた Maria は "New drape?"「新しいカーテンを買うの？」と疑問を投げかけている．but はその前言から推意される「新しいカーテンを買うのも悪くない」という想定と but 以下の「今使用しているカーテンは素敵である」という想定の矛盾の中で前者を削除するよう聞き手の解釈に制約を与えている．一方，Schmidt の発話における nevertheless は，先行する Maria の発話から導かれる修辞的な問いの答え「今使用しているカーテンは素敵なので新しいものに買い替える必要はないだろう」と後続節（新しいカーテンはもう注文している）との矛盾の中で前者が削除されている．but, however, nevertheless はすべて，異なる二つの想定の矛盾と前者の削除を発話解釈に要求する談話標識である．その中でも nevertheless は，先行する発話の内容に言及し，構築した修辞的なコンテクストにおいて制約を課す点で，but や however とも異なる詳細な手続きを符号化していると言える（cf. Blakemore 2002: 123-128）．

3.2.3　結論を導入する so, then, therefore

結論を導入する談話標識の中で，so, then, therefore の三つを比べてみよう．まず，文頭の so と then であるが，ともに「それでは」という日本語に翻訳することができる．

(12) Ali:　　 You're in my year ... at school.

Marcus:　Oh, really? Yeah, I think I've seen you around.
Rachel:　Great. Then you guys are gonna have a lot to talk about. Will, this is Ali. Ali, this is Will.
　　　　〈中略〉
Rachel:　So, um, do you guys wanna hang up here for a while?
Will:　　Yeah. Sounds good, right?　　　　　　　　　　（映画 *About A Boy*: 114）

Rachel は Ali と Marcus が互いに顔見知りであることを知り，二人が話す場を取り持とうとしている．この場合，then は「お互いに学校で見かけたことがあるなら」という意味であり，先行発話と強い結束関係を持つ．一方，so が導く「しばらく二人で時間をつぶせば」という提案は，先行状況（挨拶を交わしてより親密になったこと）から語用論的に派生される文脈含意を表している（cf. Blakemore 1988: 188-189）．さらに，(13)(14)は so が話題の転換あるいは遮断を合図している例である．

(13)　Morgan:　How are you?
　　　Lisa:　　I'm okay.
　　　Morgan:　Good. So, you got my e-mail?　　　（映画 *Super Size Me*: 174）
(14)　Will:　　It was great.
　　　Fiona:　　Suzie has every right to express her anger, Will.
　　　Will:　　Yes, and she's expressed it, and now I have a right to bugger off. So, thanks a lot. Bye.　　　　　　　　　　（映画 *About A Boy*: 96-98）

(13)では挨拶から本題のメール受信の話を切り出すために，(14)ではそれまでの話題を遮って次の行動へ移るための合図として so が用いられている．これらの場合も，見方を変えれば so が導く話題の転換や遮断のような話し手の意思表示は，先行発話（挨拶の終了や場を立ち去る表明）から派生される文脈含意として関連性をもつと言える．
　一方，(15)のように対話の冒頭で therefore が使われる例はまれである．

(15)　Dr. Towler:　She threw up in her mask.
　　　Concannon:　Therefore she wasn't getting oxygen and her heart stopped.

Dr. Towler: That's right. (映画 The Verdict: 70)

therefore は so や then とは異なり，前言から起因する結果を表す概念を符号化している．つまり，「マスクの中に嘔吐した」ことが「酸素を取り込むことが難しくなり，心臓が止まった」原因だと述べている．

3.2.4　推論の道筋を示唆する you know と（you）see

you know は後続節を旧情報としてコメント化し，(you) see はそれを新情報としてコメント化すると考えられている．しかし，会話の方策として，聞き手が知らないことを知っていてもおかしくないかのように旧情報化して提示したり，すでに知っていると推測可能なことをあえて知らないかのように新情報化して皮肉を表すこともある．こうした方策は，二つの言語表現が対話の相手の想定にコミットし，話し手がコンテクストに応じて知識の程度を調整するからに他ならない．まず，you know の例から見てみよう．

(16) Morgan: Can I see your lemonade real quick? But, there's still, there's still thirty-six grams of sugar in this.
　　　Mary: Yes.
　　　Morgan: Which is as much as a Coke. You know, there's thirty-six grams of sugar in a Country Time Lemonade, which is just as much as in soda. Granted it's not caffeinated. But it's still filled with sugar.
(映画 Super Size Me: 120)

(17) Dargus: Miss Brown! Hi, I'm detective Mark Dargus, L.A.P.D. Can I ask what you have in that bag?
　　　Jackie: The usual staff. You know, I'm a flight attendant for Cabo Air.
(映画 Jackie Brown: 38)

(16)で you know が導く Morgan のレモネードの砂糖の量の話は，先行発話で述べているために明らかに旧情報である．(17)では，私服警官の Dargus 刑事は武器密売人の売上金を密かに運んでいる Jackie に取り調べを申し出るが，制服を見れば Jackie が客室乗務員であることは明らかである．一方，(18)(19)の you know

は聞き手にとって基本的に新しい情報を旧情報として提示している．

(18) Marisa: So I'll see you at lunchtime. You all right?
　　 Ty: 　　 I'm cool.
　　 Marisa: <u>You know</u>, I am really sorry about all this.
　　 Ty: 　　 It's not your fault. 　　　　　　（映画 *Maid in Manhattan*: 46）
(19) Alex: 　 I had no idea this was gonna be such a dangerous experiment.
　　 Morgan: Yeah. I don't think anybody did. <u>You know</u>, the doctor didn't even think it was gonna be this drastic. He's floored by it. And um, he doesn't know what will happen. <u>You know</u>, he says, "Listen, I have no idea." 　　　　　　　　　　　　　　　　　　（映画 *Super Size Me*: 164）

　(18)では，父親が学校の演説会にこなかったことに息子のTyが機嫌を損ねていると感じた母親のMarisaは，謝罪内容にyou knowを用いている．(19)では，ハンバーガーと肥満の関係を調べようとMorganは一か月間ハンバーガーを食べ続けている．その無謀な実験を心配している恋人のAlexにとって，you knowが導く医者の2つの話は明らかに初めて耳にする話である．

　(16)(17)のように聞き手の想定の念押しや確認をする場合も，(18)(19)のように特定の想定を聞き手に一気に受け入れさせる場合も，どちらも意図的な会話の方策だと言える．こうした方法での情報の共有化により，話し手自らは確定することなく何らかの適切な意図を聞き手に推論するよう仕向けることができる（cf. Fox Tree and Schrock 2002: 741）．聞き手に辿り着いてほしいと話し手が考える発話の推意結論（implicated conclusion）は，(16)ではレモネードの砂糖の量が炭酸飲料と同じであるため身体に悪いこと，(17)では（実際にはJackieは犯罪を犯しているのだが）犯罪の証拠となるようなものを携帯してはいないということ，(18)では不愉快にさせた状況を理解してほしいということ，(19)ではMorganの健康状態が予想以上に悪いということであろう．このように聞き手に結論への到達を任せることはポライトネス（politeness）にもつながり，(17)のように到達する結論が相手（Dargas刑事）のフェイスを脅かす可能性がある場合には，有効な対話法だと言える．談話標識after allは結論の到達までの推論へと聞き手を誘導することで論証の方策となるが，you knowの利点の一つは，言うまでもなく推

3.2 制約する推論のタイプ　　　　　　　　　　　　75

論に誘導しながら退却の余地を残すことにある．

　同様に，(you) see も聞き手を推論に導く働きがあるが，you know と対極にあると言える．

(20) I'm not even half way done with those fries. Not even half way. It's like a workout. <u>See</u>, now is the time of the meal when you start getting the Mc-stomach ache. You start getting the Mc-tummy.　（映画 *Super Size Me*: 60-62）

(21) Dr. Marston:　And pancakes?
　　 Raymond:　　And Charlie Babbitt made a joke.
　　 Charlie:　　 <u>You see</u>, we … I made a connection.　　（映画 *Rain Man*: 129）

(20)では，人体実験中の Morgan は TV カメラを前に超特大のファストフードを食べ続けている．"See" 以下では，視聴者に対してそろそろハンバーガーが原因の腹痛が始まり，ハンバーガー腹ができあがると話している．(21)では，重度自閉症の兄 Raymond を施設に戻そうとする Marston 医師に対して，Charlie は Raymond と心が通い合うことができたと結論づけている．Schourup・和井田 (1988: 192) は，you see はコンテクストから明らかな「理由→結論」の関係の共有を聞き手に確認，要求すると説明している．しかしながら，明確な因果関係が成立しているというよりは，新情報として焦点化された結論をもとに聞き手はその結論に至った経緯としての推意前提（implicated premise）を遡及的に推論するよう求められていると言える．(20)では，視聴者はそれまで視てきた Morgan のファストフードの食事が腹痛の原因であると解釈し，(21)では，パンケーキにメープルシロップをかけたり，Charlie が珍しくジョークを言うそれまでの時間の過ごし方を心が通じ合ったと主張する前提であると Marston 医師は解釈することになる．

　(22)(23)では遡及する前提が明確とは言いがたい．

(22) [Daniel は Sellner 婦人のスカートに絡まった姉のストッキングを屈んで取り外しながら]
　　 Sorry! My sister's, not yours. <u>You see</u>, she's not a very good housekeeper. But she makes a fabulous cup of English tea.　　（映画 *Mrs. Doubtfire*: 54）

(23) Raymond: Never crashed.
　　　 Charlie:　 I mean, that's gonna do me a lot of good, Ray.
　　　 Raymond: Yeah.
　　　 Charlie:　 <u>You see</u>, Qantas doesn't fly to L.A. out of Cincinnati. You have got to get to Melbourne!　　　　　　　　　　　（映画 *Rain Man*: 53）

(22)では，Daniel の姉は掃除が不得意であると聞かされた Sellner 婦人は，その結論の前提をスカートに絡まった靴下から推論することになる．(23)では，you see により焦点化された結論に至る前提を推論することはできない．そのため，理由を言わずともカンタス航空が L.A. まで飛んでいないことくらい誰でも知っているはずだといういら立ちを伴った発話態度も合わせて伝達されている．概して(you) see が聞き手にポライトネスを伝達することがないのは，前提を遡及的に推論することでその結論を認めざるをえなくなるからであろう．

3.2.5　緩和を表す like と sort of

つなぎ言葉の一つの特徴に話し手の主張の程度を弱めたり，表現が不確かなことを示したり，聞き手の処理労力の配慮として用いられるものがある．この節では，主として発話内容や発話態度の緩和のために使用される like と sort of を見ていきたい．

フィラーとしての like は，二つの項目同士の類似性（similarity）の比較対照を表すメタ言語的な概念から拡張された表現であると考えられる．手続きを符号化するにつれて，比較対照は言語（発話）とそれが表示する思考との間で行われ，メタ・コミュニカティブに用いられている．関連性理論の観点から，like は後続する発話の命題とそれが表示する思考や信念との間の不一致を明示する，いわゆるルース・トーク（loose talk）標識と捉えられている（Andersen 1998: 153）．対話のコンテクストにおいて，思考のルースな表示は何を伝達しようとしているのか考えてみたい．

(24)(25)は，形式（form）の面での思考のルースな表示である．

(24) I'm sorry, man. You know what you need to do? You need to, <u>like</u>, kiss some serious booty to get ahead in this world, man! That's what I'm tryin' to tell you.

(映画 *Independence Day*: 70)

(25) Something may go wrong and I may have to think quickly, uh, adjust the signal. Who knows? Hey, you know how I'm, <u>like</u>, I'm always trying to save the planet? (映画 *Independence Day*: 168)

(24)では,話し手は出世方法について like を用い "kiss some serious booty"(偉い人の機嫌をとり,言うとおりにしろ)と忠告している.(25)では,話し手は危険が迫った場合は自分が地球を救う役目を担っていると主張している.通常,句読法でカンマが使用されることからも,発話時の思考を言語化しようとする一瞬のポーズが示されている.対話の進行過程で思考を的確な発話で表現することは難しい.like はそうした状況において,思考を忠実に表現したものであると解釈するよう指図しているように思われる.つまり,(24)の "kiss some serious booty" や(25)の "save the planet" は適切な表現ではないが,出世方法や自分の役割への信念を忠実に言語化した表現であると考えられるだろう.こうした like の用法が緩和表現となるのは,思考に忠実な表現という注釈が表現自体の責任を回避するからであろう.

節を従える用法(26)(27)も同様に考えることができる.

(26) Dewey: Read between the lines, Theo. Read between the lines!
    Neil: Dewey, man, I hope this doesn't come between us. <u>Like</u>, I care about you, man. (映画 *School of Rock*: 28)
(27) Natalie: Yeah, but you've actually met Charlie?
    Bosley: What do you mean, met?
    Dylan: <u>Like</u>, you've actually seen him with your own eyes?
    Bosley: I saw his hand. (映画 *Charlie's Angels*: 132)

(26)で,Neil はバンド活動で Theo と仲違いをしている Dewey を諌めている.like により話し手の思考や意図に最も近い表現を探す過程を伝えることで,Neil の Dewey に対する誠実な態度が伝達されている.(27)では,探偵事務所のオーナーであるが姿を見せない Charlie に会ったことがあるのかと尋ねる Natalie に,マネージャーの Bosley は "met" というのはどういう意味であるか尋ねている.Dylan

は like を用いることで,「自分の目で実際に見たのか」という問い直しが "met" の意味を的確に伝えているかどうかは別として,言いたいことに最も近い表現であることを示している.

数表現とともに用いられる like は内容 (content) に関する思考のルースな表示だと言える.

(28) Zack: Let's hear your song.
　　　Dewey: You wanna hear my song? I'll play you my song, if you wanna hear it. Thing is, I just want you to keep in mind, I wrote it in, like, fifteen minutes. And uh, it's not done yet. And you might not like …
　　　　　　　　　　　　　　　　　　　　　（映画 School of Rock: pp.80-82）
(29) Peter: How much time we got?
　　　Roger: We've got like three hours before the rehearsal. Hit the ball.
　　　　　　　　　　　　　　　　　　　　　（映画 The Sweetest Thing: 64）

この用法の like には, approximately と同義とする見方（Underhill 1988: 235）もあるが, ルース・トークの観点からは, 後続の数表現が真であることに話し手はコミットしているわけではないことになる. (28) では Dewey が作曲に費やした時間はおそらく 15 分以上であるにもかかわらず, 楽曲のクオリティーの批判をかわすために短い時間で完成させたものだと述べていると考えられる. 同様に, (29) では, ゴルフ練習の開始前に Roger はリハーサルまでに時間があまりないことを Peter に伝えようと 3 時間という時間表示が用いられているのだろう. 言語化された "fifteen minutes" や "three hours" は, そうした話し手の意図を効率よく伝達するために不必要な処理労力を課さない数表現を選んだものと考えられる.

下位範疇を修飾する like の用法は, for example と置き換え可能とされる（Anderhill 1988: 244）. したがって, (30) の like は取り過ぎが健康を害する恐れのある食品や飲み物の例を挙げていると解釈することが可能なように見える.

(30) So, if you had, like, a bacon, egg and cheese, your cholesterol would be way high. Or if you had, like, orange juice, your glucose would be really high.

(映画 *Super Size Me*: 30)

しかし，英語母語話者によれば，対話のレジスターでは for example への置き換えがしっくりこないと感じられる．そうしたコメントによっても，対話の中であらかじめ整理されていない思考や信念を表現するという like の本質的な意味が感じられる．

一方，sort of も後続部分の意味の緩和を行う点で like と類似したつなぎ言葉である．sort of は a sort of（～の一種の，～のようなもの）という語句から派生した概念を符号化している．さらに，like に比べて生起位置が固定的であり，副詞と同じ位置に生起し後続の形容詞や動詞が表す意味の程度や定義を緩和する．また，一語で返答に使用することもできる．

(31) Marcus: Will bought them for me.
　　　Fiona:　Will? What? The guy who took us to lunch?
　　　Marcus: Yeah. He's <u>sort of</u> become my friend.　　（映画 *About A Boy*: 84）
(32) Lorraine: You mean like how you're supposed to act on a first date.
　　　Marty:　Uh, well, <u>sort of</u>.　　（映画 *Back to the Future*: 132）

(31)では，Marcus はシングルマザーの母 Fiona と Will が一緒になってほしいが，いまの段階では Will との関係は"friend"と言えるくらいだという心情を伝えている．(32)では，「最初のデートではどのように振る舞えばよいのか聞いているのか」と質問の意味を確かめている Lorraine に対して，Marty は当たらずとも遠からずという返答をしている．これらの sort of の用法は，後続部分や本来は後続されると考えられるものの意味を弱めることで，強い意味（become a friend 以上の人間関係，yes）が当てはまらないこと（つまり尺度含意（scalar implicature））を聞き手に伝達している．

一方，程度とは無関係の表現に用いられた場合には表現の適切性に関わる（野村 1990: 34）．

(33) Rachel:　What are you gonna do in Buffalo?
　　　Caroline: Well, my plan is to <u>sort of</u> accidentally bump into him. I mean, do you

think that's gonna be too obvious? 　　（映画 *Maid in Manhattan*: 136)

Caroline が好意を寄せる男性に偶然を装ってばったり出くわすような行為を具体的に計画しているわけではないことは，後続発話の「あまりにもあからさまかしら」という自信のなさからも分かる．sort of は，アプローチの仕方をそれ以上明確に決めかねているということを伝達している．

このように，sort of はさまざまな理由で後続の表現の意味を緩和する対話の方策だと言えるが，(34) では後続の内容に特別な意味を与えている点で興味深い．

(34) Christine's husband: And what about you, Will? Any desire for a family of your own yet?
　　Will: 　　　　　　　No, not really. Um, I'm <u>sort of</u> all right as I am I think.
　　Christine: 　　　　　Oh, please, Will!　　　　　　（映画 *About A Boy*: 14)

40代を目前にしながら独身で定職にもつかない状況を周りから心配されているのをよそに，Will は心配には及ばないと考えている．この sort of は "all right" 以上に現在の状態を詳しく述べられないというよりも，社会的慣習としての all right な状態（つまり家庭や子供を持つことで得られる all right な状態）とは異なる，ある意味で Will なりの all right な状態であると主張している．この例において，余剰的な sort of が処理労力を増やすことで特別な意味の解釈が認知効果として付加されていると言えよう．この点において，sort of は Q 推意（Q-implicature）と I 推意（I-implicature）の双方の意味を持つ概念であると言える．

3.2.6　前言を言い直す in other words と I mean

in other words と I mean はともに言い換えや言い直しに使用されるが，対話における役割には違いがある．(35)(36) は in other words の例である．

(35) I think this is a carefully balanced proposal. I think it's high-minded but I think it's fair-minded. <u>In other words</u>, it's got something in it to offend everyone.
　　　　　　　　　　　　　　　　　　　　　　　　　（映画 *The Firm*: 88)
(36) Cole:　So I don't have to worry about getting beat by another car.

Harry: <u>In other words</u>, all you have to worry about is getting beat by other drivers.
Cole: Yeah. You build me a car and I'll win Daytona next year.

(映画 *Days of Thunder*: 16)

(35)では，税金政策の提案への"carefully balanced""high-minded""fair-minded"という形容により伝達したかったことは「すべての人を怒らせるようなものが含まれている」ということだと言い換えて冗談を述べている．(36)では，ストックカー・レースについて，レースカーのビルダーである Harry は若きレーサー Cole の発言（「他の車に負ける心配はない」）を「ドライバーに負けることだけを心配すればよい」ということだと言い換え，さらに Cole によるその解釈の評価（"Yeah"）が続いている．in other words は高次表意（higher-level explicature）の構築に貢献し，話し手は，後続節の言い換えは先行発話により伝達された思考を誠実に表示したものであると信じていることになる（cf. Blakemore 1996: 340）．(35)(36)ともに，in other words により前言を言い換えることで最良の関連性を達成しようとしている．しかし，対話では，あたかも元話者の思考であったかのごとく言い換えるために用いられることもある．

I mean の議論の前に，話者交替のコンテクストで用いられた(36)のような in other words と you mean との比較をしてみよう．話し手は in other words を用いて相手の発話により伝達された思考を解釈するのに対して，you mean は非言語コンテクストでも用いられ通常疑問符を伴うことからも，相手の思考の解釈を確認すると言える．思考自体の解釈であるという点では，話し手自身の発話に対して用いられる I mean も同様に考えることができよう．I mean は詳細化や追加説明など多様な場面で用いられるとされる．

(37) What, what if I send in the tape and they don't like it? <u>I mean</u>, what if they say, I'm no good? What if they say, "get outta here, kid, you got no future?"

(映画 *Back to the Future*: 18)

(38) I'd like to go over it with you. Can we meet for lunch? <u>I mean</u>, lunch is all right, isn't it? Daylight, a lot of people around. (映画 *Working Girl*: 59)

(37)において，話し手は音楽関係者へデモテープを送るのを躊躇している．前言の発話「デモテープが好まれなかったら」は I mean を用いて「自分に見込みがないと言われたら」へと詳細化している．I mean の後続節は前言の言い換えではなく，前言では思考をうまく伝達できないと感じたために，思考自体を言語化していると言える．(38)の後続節である "lunch is all right" についても，前言のランチへの誘いの発言では相手に伝達されなかったと判断した思考を追加説明として言語化することで下心がないことを装っている．

対話において，発話により思考が首尾よく理解されたと話し手が認識できる場合は少ない．I mean は，話し手の思考と聞き手が発話を通して理解したと推察される思考との不一致を予想するために伝達内容の調整を行なうと考えられる．さらに，断片的に言い直されている(39)(40)を見てみよう．

(39) Diana: I love you.
　　　David: I know that.
　　　Diana: No, I mean, even without the money.　　（映画 *Indecent Proposal*: 34）
(40) Tim:　Hey, when are we gonna toast the two of you, Mick?
　　　Dugan: Well, we haven't, uh, really discussed it. I mean, not recently.
　　　　　　　　　　　　　　　　　　　　　　　　　　（映画 *Working Girl*: 56）

話し手は，(39)の "I love you"，(40)の "we haven't really discussed it" という発話を用いることで，それぞれ "even without the money" "recently" の意味までも伝達されていると考えている．しかし，(39)では，David のそっけない返答から，彼が解釈した思考と自身の思考には隔たりがあると判断したために，Diana は I mean を用いて解釈されなかったと判断した思考部分 "even without the money" を言い直している．(40)においても，Tim から結婚の話が進んでいるかどうかを尋ねられた Mick Dugan は，前言の発話により伝達されると期待した思考のうち Tim に理解されていないと判断した "recently" を即座に言い直し，関係が悪くはないことを強調している．

以上，言い換えや言い直しという点で類似した二つの言語表現を概観した．対話のコンテクストで用いられた in other words は先行発話が伝達する思考を表示する点で発話をメタ表示する標識であると言える．一方，I mean は聞き手との

思考の不一致の予測のもとで話し手自身の思考を言語化する点で，いわば思考のメタ表示に関わる標識であると結論づけることができよう．したがって，両者は意味が異なるために，(37)-(40)のI meanをin other wordsで置き換えることはできない．

◆3.3 対話における談話標識とフィラーの組み合わせ

これまでの談話標識の研究では，独話と対話というコンテクストを分けた議論があまりなされてこなかったように思われる．口語コーパス，特に対話のコンテクストでは，話し手と聞き手の相互作用，つまり聞き手の想定を考慮した話し手の談話構成が行われるため，談話標識とつなぎ言葉は単独のみならず組み合わせて用いられることも多い．

談話標識の連続パターンについては，これまでHigashimori (1996) がconsequently, so thereforeなどの連続のデータをもとにそれらの意味の組み合わせについて議論している．Fraser (2015) は，談話標識をgeneral/specificの違いで一次的談話標識（primary DM）と二次的談話標識（secondary DM），さらに意味によりcontrastive, elaborative, implicativeに分け，組み合わせのパターンを分析している．Fraserの分類を用いれば，"but nevertheless"，"but in fact"，"so therefore"は一次的・二次的談話標識の組み合わせになる．さらに新たにつなぎ言葉を考慮すると，二つの組み合わせに関しては以下のような生起のパターンにまとめることができる．

| Primary DM + Secondary DM |
| Primary DM + Filler |
| Filler + Filler |

BNCの話し言葉のデータを使い，これまで扱ってきたDM/Fillerの組み合わせの頻度を示したものが表3.1である．談話標識とフィラーの組み合わせの特徴については，butやsoに後続するyou knowやI mean，フィラー同士の組み合わせの中でのI meanやyou know, likeの使用頻度が相対的に高いことが分かる．また，you seeは他のフィラーとの組み合わせの相性が極端に悪いと言える．

表3.1 BNC 口語コーパスデータにおける DM/Filler の組み合わせ

But / DM, Filler	頻度	So / DM, Filler	頻度	Filler / Filler	頻度
But nevertheless	125	So therefore	124	you know I mean	345
But in fact	97	So I mean	327	I mean you know	250
But I mean	1298	So you know	219	I mean like	182
But you know	386	So you see	42	like I mean	65
But you see	282	So ... after all	17	you know like	362
But ... after all	7			like you know	501
				like you see	6
				you see like	6
				you see I mean	23
				I mean you see	8

　談話標識に符号化されている手続きは，概念とは異なり意味合成規則（compositional semantic rule）は適用されない．しかしながら，発話の意図された解釈に到達するために，二つ以上の談話標識が同一発話内で使用され（Rouchota 1998b: 116-117），複合的手続き（complex procedure）（Blakemore 2004: 231）が形成される．表3.1 から分かるように，合成のパターンとしては，「矛盾と削除」や「文脈含意の派生」を認知効果とする一次的談話標識が用いられる場合には，最初にそれらが発話解釈の方向を決め，後続の二次的談話標識やフィラーが最良の関連性の見込み（presumption of optimal relevance）を満足する発話解釈へと微調整を行う．談話標識やフィラーが生産的に組み合わされるのは，対話場面に応じて達成可能な関連性の見込みの度合いが変わるからであろう．以下の議論では，手続きの組み合わせには2通りがあると考える．一つは互いに意味を強化しあうことで発話を意図された解釈へ導く組み合わせであり，もう一つは異なる意味や制約が互いに補完し合いながら推論過程を構築する組み合わせである．

3.3.1 手続きの強化としての組み合わせ

類似した手続きが組み合わされる場合，その意味の強化が行われる．まず，一次的談話標識と二次的談話標識の組み合わせから見ていこう．

(41) A: Though, using Letraset to title them is not easy to do, you know it's very difficult to keep them on a straight line.
　　　B: Mmmm.

A: Erm but nevertheless I do think that is a super portrait.　　(BNC: HM2)

ポートレートの表題が曲がっていると不満を述べる話し手Bに対して話し手Aはレトロセットを使うとどうしてもそうなると you know を用いて共感を求めながら弁明するが，Bは納得しかねる様子である．そうした状況で but を用いて反論する際，A は nevertheless を加えることでBの異論も取り込んだうえでの反論であることを顕示し，相手の理解を求めやすくしている．

(42)は but と in fact の組み合わせである．

(42) The soft drink companies, especially, boast about how they're contributing to America's education. But, in fact, what they're doing is they're draining money from the community, rather, rather than contributing money to the community.　　(映画 *Super Size Me*: 126)

ソフトドリンク会社が誇らしげに言う教育への社会貢献と社会から金を搾り取ろうとする現実の矛盾の中で，前者を削除するには but だけでも可能である．しかし，矛盾と削除という解釈の方向性のもとで，in fact を組み合わせることにより話し手が意図する排除性をさらに強めることになる．in fact は，規範的見方や社会的期待に反する命題（counterexpectation）に付加される逆接的な用法がある（cf. Traugott and Dasher 2002: 157）．つまり，in fact は「企業とは社会貢献をする組織であるという規範的な見方や社会の期待」との対立を喚起させ，それを排除することにより逆接性を高めていると言える．

so と therefore は(43)のように余剰的に感じられずに共起が可能である．

(43) Ordell: Yeah, but it's my a money and I don't need no fucking partners.
　　　Jackie: I ain't your partner. I'm your manager. And I'm managing to get your money out of Mexico into America, in your hands and I'm managing to do it all under the nose of the cops. So, therefore, I'm your manager and a manager gets fifteen percent.　　(映画 *Jackie Brown*: 90)

Jackie は Ordell の手に渡るようにメキシコからアメリカへ現金を運び，警察の目

の前ですべてをやり遂げることだと主張している．so はそうした仕事内容から導き出される自分の役割をマネージャーだと結論づけており，さらに therefore を加えて，そうした仕事内容とマネージャーの間の強い因果関係を示すことで，分け前をもらう資格があると主張していることになる．

　一方，談話標識とフィラーの組み合わせにより手続きが強化される例もある．so と you see の組み合わせを見てみよう．

(44) Paula: And move you directly into management after the six-week training.
　　　Bextrum: With the proviso of course that you pass the practical exam and fulfill each requirement for every station. So you see, Miss Ventura, sometimes when life shuts one door, it opens a window. So jump.　　　　　　　　　　　　　　　(映画 *Maid in Manhattan*: 86-88)

Paula と Bextrum が Miss Ventura に対して管理職への応募を促している場面である．先行談話である6か月で管理職へ配置換えの条件の話から導かれる結論としての「人生で一つのドアが閉まれば一つの窓が開くからやってみなさい」という忠告にさらに注意を払わせるために you see が組み合わされていると考えられる．so が導く結論は聞き手にとって明らかに好ましいものであるため，you see を加えることでその結論に至る過程（つまり管理職への挑戦）を遡及的にアクセスさせて行動を促していると言える．

　さらに，フィラー同士の組み合わせの例も見られる．(45)では，話し手 Marcus は，母親 Rachel と友人 Will との問題について自分なりに考えていることをうまく伝えようと懸命であり，I mean と like の組み合わせが二度用いられている．

(45) I don't know. I just think there's a problem with you and Rachel. I mean, like, you wanna be with her … but she thinks you have a son, and you don't. I mean, like, if you're gonna be with someone, shouldn't you tell them things like that?　　　　　　　　　　　　　　　(映画 *About A Boy*: 120)

意味論的に like は余剰的だと分析されるだろうが，対話においてこの組み合わせ

は語用論的に意味がある．話し手 Marcus は，前言があまりにも漠然とした言い方だったので，聞き手の Will が前言から解釈した思考と自身の思考の隔たりを感じて I mean による思考の言い直しを繰り返している．後続の like もそれが思考に忠実な言い方であることを示すために，思考をうまく言語化できない話し手のもどかしさをよく表している．

3.3.2 補完しながら推論を構築する組み合わせ

まず，用例は少ないが，一次的談話標識と二次的談話標識の組み合わせ例から見ていこう．(46)は but と after all，(47)は so と after all の組み合わせである．

(46) A: They blocked the pavement and there was this bloody great lorry up against the path so anybody coming down or up the road had to walk into the road or co, cross the road to the other side!
　　B: But yesterday afternoon I mean, it was Sunday afternoon after all!
　　　　　　　　　　　　　　　　　　　　　　　　　　　　（BNC: KE6）
(47) A: And old phonographic records?
　　B: Two.
　　A: Right. So you've got something in common with Gordon after all. He collects records.　　　　　　　　　　　　　　　　　　　（BNC: G5J）

(46)では，車道に3台の車が停車しておりさらにトラックが歩道に乗り上げていたので道路を横切って歩かなくてはならなかったと不満をもらす話し手 A に対して，話し手 B は，昨日は平日よりも静かで車の往来も少ない日曜日だったはずだと返答している．but は，A の発話から推察される「昨日が日曜日とは思えない道路状況であった」という想定と but の後続節との矛盾の中で前者を削除している．さらに，文末の after all は，「日曜日の午後の話をしているはずだ」という主張が当然だと考えられる根拠にアクセスするよう聞き手に解釈を促している．(47)の市場調査インタビューでは，インタビュー者 A が購入者 B に対して購入品の聞き取りを行っている．A は，古い2枚のレコード盤の購入の話を聞いて Gordon と購入に関する共通点があると結論づけている．文末に after all を用いることで，B へのいろいろな聞き取り内容を根拠として結論に至ったと述べている．

談話標識にフィラーが組み合わさることで，発話の意図した解釈へと聞き手を導くために手続きが微妙に調整されることがある．一次的談話標識は発話解釈の方向性を聞き手に提示する点で直接的な手続きを符号化しているため，そうした決定性や直接性が対人的に適切でないと判断した場合には，それを弱めるためにつなぎ言葉が後続することが多い．but や so に符号化された手続きが you know を伴うことで直接性や唐突さが緩和される例 (48) (49) を見てみよう．

(48) Biff: Oh, and where's my reports?
George: Uh, well, I haven't finished those up yet, but you know, I, I figured since they weren't due till ...　　　　　（映画 *Back to the Future*: 24）
(49) Marcus: What's that noise?
Will: That's a lawn mower. So you know, just time-wise, it's not um... It's not bril.... Tell you what, just hold, just hold the line one sec.
　　　　　　　　　　　　　　　　　　　　　　　　（映画 *About A Boy*: 58）

(48) では，George は Biff に代筆を頼まれた報告書がまだ出来上がっていないことを恐る恐る告げている．George は but 節で前節が許される言い訳をしようとするが直接的な反論では許してもらえないと判断して，you know を用いて後続節の「締切はまだだと思っていた」からオープンにアクセスされる「しばらく待ってほしい」というような結論の理解を暗に求めている．一方，(49) では，ヘアサロンでバリカンを当てながら Marcus からの電話を取った Will は，家庭的な生活をしているふりをするために芝刈り機の音だと自らついた嘘に慌て，すぐさま so を用いて結論へ持ち込もうとする．しかし，「時間的に都合が悪い」という唐突な結論が受け入れられないと察知したため，you know を加えることで推論によりその真意を汲んでほしいと伝達している．

こうした発話の直接性の緩和は I mean の付加でも達成される．

(50) Man: I can't find the booklet.
Manager: You can use that one right there on the wall.
Morgan: But I mean, you don't have one you can take with you?
　　　　　　　　　　　　　　　　　　　　　　（映画 *Super Size Me*: 108-110）

3.3 対話における談話標識とフィラーの組み合わせ

(51) You know, even if I did regret not going to the party, it's not like I can do anything about it now. So, I mean, sometimes you just have to let these things go, right?
(映画 *The Sweetest Thing*: 58)

(50)で，Morgan は店員らにファストフードの栄養成分が書かれてある冊子を求めている．Morgan は，マネージャーの対応との矛盾の中で相手の発言を否認する形で話し始めたものの，「持ち帰れる冊子はないか」という申し出が直接的な主張として伝達されないように，I mean を用いて，このやり取り以前の発話 "Do you guys have any of the nutrition fact sheets?"（栄養成分表はないか）の発言の意図を言い直す形で述べている．この場合の I mean も，話し手 Morgan の思考とレストラン店員らの解釈との隔たりのコンテクストで，相手のフェイスを脅かす恐れを回避していると言える．(51)では，話し手は「（好きな男性が参加する）パーティーに行かなかったことを後悔しても仕方がない」という経験から so を用いて結論を導こうとする．I mean は，前言の真意を言い直すことで，直接的に結論づけるという態度を和らげている．

最後に，フィラー同士の組み合わせを見てみたい．

(52) Darryl: I mean, I'm about as close as I can be to a nutcase like that.
Max: Well, if she calls, just be gentle. You know, like, you're really happy to hear from her. Like you really miss her.
(映画 *Thelma & Louise*: 68)

(53) Uh, we're all here to try to land the Rothford Estate. I mean you know it's worth zillions. And uh, Sotheby's are counting on me to lock the whole thing up.
(映画 *Maid in Manhattan*: 108)

(52)では，Max は Darryl に妻の Thelma から電話を受けた際の応対の仕方について忠告をしている．you know like という組み合わせは，you know を用いることで好ましい夫婦関係へつながる前提となる応対の仕方を述べようとするが，like は「電話をもらって嬉しい」と伝えることが会話の流れの中で浮かんだ一つの応対の仕方であることを意味している．(53)では，競売会社サザビーズ役員の話し手が Rothford 家の資産を手に入れるという試みを話している．二つのつなぎ言葉の組み合わせにより，後続する「Rothford 家の資産が天文学的数字に値する」

という発話は前言で伝えたかった思考の言い直しであり，さらに資産を差し押さえる試みの実行へと聞き手を導いていることになる．

まとめ

この章では，まず類似のカテゴリーに属する談話標識やフィラーの意味の区別を行った．さらに，対話では談話標識とフィラーの組み合わせによる意味の強化や発話解釈の方向性の微調整が見られることを例証した．意味の強化や微調整は，発話解釈における最良の関連性の見込みが対話のコンテクストに応じて変化するからに他ならない．you know や I mean, like が談話標識や他のつなぎ言葉との親和性が高いのは，対話における優先的側面として，結論へのオープン・アクセス，真意を伝達するための思考の言い直し，発話態度の緩和などが好まれることと関わりがあるであろう．

BNC の話し言葉のデータによれば，談話標識やフィラーの組み合わせの数の上限は，例文(54-56)が示すように三つ程度である．

(54) But after all I mean, he's put in new plumbing, he's put in a new boiler, all the plumbing, he didn't pull his muscles at all, he went to pick a light carton out of the back of a car ...　　　　　　　　　　　　　　　　　　(BNC: KC9)

(55) So you know I mean erm you've got evidence from the Widdicombe er survey which produced the Widdicombe report.　　　　　　　　(BNC: F7T)

(56) No I mean like you know the West Side Story thing you know right Erm was it only you that he phone ...　　　　　　　　　　　　　　(BNC: KP4)

こうした組み合わせの大まかな数の上限は関連性の伝達原則（Communicative Principle of Relevance）に基づくものである．そのため，組み合わせのタイプや組み合わせの数は最良の関連性の見込みに合致したものであり，処理労力を増やすだけの認知効果を得ることができる保証がなければ，対話であろうと同一発話内でむやみに多用されることはないであろう．

関連性理論を枠組みとした研究では，談話標識やフィラー，間投詞などの意味と機能の分析が言語データを用いて盛んに行なわれている．発話内の生起位置による機能の違いや対話での役割など，談話標識研究には多くの興味あるテーマがある．談話標識とフィラー，フィラー同士の組み合わせ現象と生起の順番につい

てもさらなる研究が必要であると言える．また，談話標識と文法化についての議論も活発に行われている．but still の連続による複合的な談話標識の文法化と日本語の「だがしかし」の分析に関しては東森（2003）を参照されたい．

🔍 より深く勉強したい人のために

- 松尾文子・廣瀬浩三・西川眞由美（編著）(2015)『英語談話標識用法辞典』研究社.

    英語の談話標識として機能する副詞句，前置詞句，接続詞，間投詞，フィラーに当たる語彙句の意味と機能について，豊富な例文をもとに解説された用法辞典である．談話分析や会話分析で対象とする表現や，関連性理論の視点から意味を分析するための表現を探すこともできる．また，英語教育やコミュニケーション研究においても役に立つであろう．

- Müller, Simone (2005) *Discourse Markers in Native and Non-native English Discourse*, Amsterdam: John Benjamins.

    口語コーパスを用いて，so, well, you know, like のテキストレベルと対話レベルにおける機能が分析されている．また，これらの習得について，英語母語話者と英語非母語話者における定量的比較が行われており，談話標識とフィラーを第二言語習得の観点から論じた興味深い一冊である．

- Schourup, Lawrence C. (1985) *Common Discourse Particles in English Conversation*, New York: Garland.

    会話においてフィラーとして機能する well, like, you know, I mean, sort of などの意味が口語コーパスをもとに語用論的に説明されている．文法や知的意味に影響を与えないために，その使用は選択的だと考えられているフィラーについて，使用話者による談話構成の仕組みが具体的に説明された一冊であり，フィラーの意味研究の入門書としても優れている．

📖 文　献

野村恵造 (1990)「談話標識の意味と機能―sort of の場合―」『東京外国語大学論集』40 号：29-41.

東森勲 (2003)「複合談話連結詞と文法化：認知語用論による分析」*KLS23*: 191-201（関西言語学会）.

Andersen, Gisle (1998) "The Pragmatic Marker *like* from a Relevance-theoretic Perspective," in Andreas H. Jucker and Yael Ziv (eds.) *Discourse Markers: Descriptions and Theory*, Amsterdam: John Benjamins, 147-169.

Blakemore, Diane (1988) "'So' as a Constraint on Relevance," in Ruth M. Kempson (ed.)

Mental Representations: The Interface between Language and Reality, Cambridge: Cambridge University Press, 183-195.

Blakemore, Diane (1996) "Are Apposition Markers Discourse Markers?" *Journal of Linguistics* 32: 325-347.

Blakemore, Diane (2000) "Indicators and Procedures: Nevertheless and But," *Journal of Linguistics* 36: 463-486.

Blakemore, Diane (2002) *Relevance and Linguistic Meaning: The Semantics and Pragmatics of Discourse Markers*, Cambridge: Cambridge University Press.

Blakemore, Diane (2004) "Discourse Markers," in Laurence R. Horn and Gregory Ward (eds.) *The Handbook of Pragmatics*, Oxford: Blackwell, 221-240.

Carston, Robyn (2002) *Thoughts and Utterances: The Pragmatics of Explicit Communication*, Oxford: Blackwell.

Fox Tree, Jean E. and Josef C. Schrock (2002) "Basic Meanings of *you know* and *I mean*," *Journal of Pragmatics* 34: 727-747.

Fraser, Bruce (1990) "An Approach to Discourse Markers," *Journal of Pragmatics* 14(3): 383-398.

Fraser, Bruce (1999) "What are Pragmatic Markers?" *Journal of Pragmatics* 31(7): 931-952.

Fraser, Bruce (2015) "The Combination of Discourse Markers — A Beginning," *Journal of Pragmatics* 86: 48-53.

Higashimori, Isao (1996) "A Combinatory Dictionary of English Discourse Connectives, Based on Relevance Theory," in Martin Gellerstam, Jerker Jarborg, Sven-Goran Malmgren, Kerstin Noren, Lena Rogstrom and Catarina Rojder Papmehl(eds.) *Euralex '96 Proceedings I-II (PartII)*, Goteborg: Goteborg University, 223-236.

Levinson, Stephan C. (2000) *Presumptive Meanings: The Theory of Generalized Conversational Implciature*, Cambridge: MIT Press.

Oh, Sun-Young (2000) "*Actually* and *in fact* in American English: A Data-based Analysis," *English Language and Linguistics* 4(2): 243-268.

Rouchota, Villy (1998a) "Connectives, Coherence and Relevance," in Villy Rouchota and Andreas H. Jucker (eds.) *Current Issues in Relevance Theory*, Amsterdam: John Benjamins, 11-57.

Rouchota, Villy (1998b) "Procedural Meaning and Parenthetical Discourse Markers," in Andreas H. Jucker and Yael Ziv (eds.) *Discourse Markers: Descriptions and Theory*, Amsterdam: John Benjamins, 97-126.

Schourup, Lawrence (1999) "Discourse Markers," *Lingua* 107: 227-265.

Schourup, Lawrence・和井田紀子 (1988) 『English Connectives 談話のなかでみたつなぎ語』くろしお出版.

Sperber, Dan and Deirdre Wilson (1986/1995) *Relevance: Communication and Cognition*, Oxford: Blackwell.

Traugott, Elizabeth C. (2003) "From Subjectification to Intersubjectification," in Raymond Hickey (ed.) *Motives for Language Change*, Cambridge: Cambridge University Press, 124-139.
Traugott, Elizabeth C. and Richard B. Dasher (2002) *Regularity in Semantic Change*, Cambridge: Cambridge University Press.
Underhill, Robert (1988) "Like, is Like, Focus," *American Speech: A Quarterly of Linguistics Usage* 63(3): 234-246.

映画

About A Boy (2003)『アバウト・ア・ボーイ』フォーイン スクリーンプレイ.
Anne of Green Gables (1996)『赤毛のアン』フォーイン クリエイティブ プロダクツ.
Back to the Future (1998)『バック・トゥ・ザ・フューチャー』スクリーンプレイ.
Charlie's Angels (2001)『チャーリーズ・エンジェル』スクリーンプレイ.
Days of Thunder (1995)『デイズ・オブ・サンダー』フォーイン クリエイティブ プロダクツ.
Jackie Brown (1999)『ジャッキー・ブラウン』フォーイン クリエイティブ プロダクツ.
Indecent Proposal (1997)『幸福の条件』フォーイン クリエイティブ プロダクツ.
Independence Day (1998)『インデペンデンス・デイ』フォーイン クリエイティブ プロダクツ.
Maid in Manhattan (2003)『メイド・イン・マンハッタン』フォーイン スクリーンプレイ.
Mrs. Doubtfire (1996)『ミセス・ダウト』フォーイン クリエイティブ プロダクツ.
Rain Man (1991)『レインマン』フォーイン クリエイティブ プロダクツ.
Sabrina (1996)『麗しのサブリナ』フォーイン クリエイティブ プロダクツ.
School of Rock (2004)『スクール・オブ・ロック』フォーイン スクリーンプレイ.
Super Size Me (2005)『スーパーサイズ・ミー』スクリーンプレイ.
The Firm (1997)『ザ・ファーム 法律事務所』フォーイン クリエイティブ プロダクツ.
Thelma & Louise (1993)『テルマ&ルイーズ』スクリーンプレイ.
The Sound of Music (1996)『サウンド・オブ・ミュージック』フォーイン クリエイティブ プロダクツ.
The Sweetest Thing (2003)『クリスティーナの好きなコト』スクリーンプレイ.
The Verdict (1995)『評決』フォーイン クリエイティブ プロダクツ.
Working Girl (1994)『ワーキング・ガール』フォーイン クリエイティブ プロダクツ.

データ

BNC = The British National Corpus<http://scnweb.jkn21.com>

第4章 配慮表現

村田和代

「配慮表現」から連想されるのは，まずは「敬語」だろう．次の例で考えよう．

(1) （朝のテレビニュースでA社のライバル会社であるB社の不正が話題になっていたというニュースを見た秘書が上司に）
    「今朝のニュースはご覧になりましたか．」
(2) （論文指導の約束をした学生が指導教官に）
    「明日の午後研究室におうかがいさせていただきます．」
(3) （オフィスの受付で）
    訪問者「会議室は何階ですか」
    受付スタッフ「会議室は，3階です．」

(1)は尊敬語である．尊敬語は，聞き手（話題中の動作の主体）が話し手よりも目上（上位）である場合に使われる．(2)は，謙譲語である．動作の主体をへりくだる際に用いられる．(3)は，ていねい語である．主として，文末の語形変化を指すのでていねい体とも呼ばれる．聞き手が目上（上位）の場合の「です・ます」で終わる文体がていねい体（ていねい語）である．同等や下位にある場合に使われる「だ」や動詞・形容詞の終止形で終わる文体は常体と呼ぶ．(1)(2)(3)は英語では以下のようになる．

(4) Did you watch news this morning?
(5) I'll visit your office tomorrow afternoon.
(6) "Where is a meeting room?"
    "It's on the third floor."

(4)は友達にたずねる表現（今朝, ニュース見た？）としてもそのまま使えるし, (5)も同僚の研究室を訪ねる際（明日の午後, 研究室に行きます）にも使えるだろう. (6)についても「3階です」でも「3階でございます」でも同じ英語表現となる.

このように,「配慮表現」を親疎・上下関係を反映した言語表現の中でも体系的に文法化された形式に限定すると, 英語には日本語のような配慮表現があるとは言いがたい（日本語の配慮表現については6.3節参照）. しかし, もう少し広い概念であるととらえると, 英語にも多様な配慮表現がある. 本章では, 広義の「配慮表現」を考察する.

◆4.1 ポライトネスについての概要

本章では, 配慮表現を「ポライトネス」, つまり「聞き手に配慮し調和のとれた人間関係を築き, 衝突を避けるためのことばの使い分け」とする. たとえば, 友達に自分が寝坊して休んだ授業のノートを借りる場合,「ノート貸して」といったストレートな表現（命令形）を使うだろうか. おそらく「申し訳ないんだけど, ノート貸してもらってもいいかな」といった間接的な表現を使うだろう. また,「今度の金曜日にアルバイト仲間でパーティーするけど来ない？」とアルバイトの先輩に誘われたとき,「行けません」と単刀直入に断るだろうか. 先輩との人間関係を壊さないためにも,「誘ってもらってありがとうございます. 金曜日はクラブが入っていて無理そうです. せっかくなのにすみません.」と婉曲的に断るのではないだろうか. こういった間接的な表現を用いるのは, 相手への配慮を表しているのである. さらに, 親しい先輩には敬語をあえて使わないといったような相手に親しみを表す表現も, 同じく相手への配慮を表していると考えられるだろう. 次節では, 主として英語をベースに構築されたポライトネスについての理論を紹介する（イギリス英語のていねいさの笑いについては序論の例文(5), 3.4参照）.

ポライトネス理論の概要

語用論的観点から初めてポライトネスを体系的にとらえようとしたのが, ロビン・レイコフ (Lakoff 1973) である. レイコフはポライトネスのルールとして,

①強要しない（Don't impose），②選択肢を与える（Give options），③聞き手の気分をよくし，親しげに振舞う（Make the hearer feel good — be friendly）の三つをあげている．そして，それぞれのルールを守るうえで必要なストラテジーとして，①に対しては"Distance"（相手との間に距離を設ける），②に対しては"Deference"（相手の意見を尊重する），③に対しては"Camaraderie"（仲間意識を持つ）が必要であるとしている．

　リーチ（Leech 1983）も，グライスの会話の原則だけでは不十分であるとしてポライトネスの原則（Politeness Principle）を提唱した．リーチの理論は，cost/benefitの概念に基づき，会話においては聞き手にとって最小のコストと最大のベネフィット（メリット），話し手にとっては最大のコストと最小のメリットが与えられることを基本として，①気配りの公理（Tact Maxim），②寛大性の公理（Generosity Maxim），③是認の公理（Approbation Maxim），④謙遜の公理（Modesty Maxim）⑤合意の公理（Agreement Maxim），⑥共感の公理（Sympathy Maxim）という六つの原則を提唱した．

　ポライトネス研究に最も影響を与えた総括的な理論は，ブラウンとレビンソン（Brown and Levinson 1987）である．彼らのポライトネス理論では，人間には対人関係上の二つの基本的欲求があると考える．それは，理解されたい，仲間として認められたいといった「他者との距離を縮めたい」という欲求であるポジティブ・フェイス（positive face）と，他者に立ち入られたくない，自分の行動を妨げられたくない，といったような「他者と距離を置きたい」という欲求であるネガティブ・フェイス（negative face）である．フェイスとは，社会の成員であれば誰でもが持つ社会的自己像（the public-self-image that every member wants to claim for himself）で，コミュニケーションの場において，お互いに協力してフェイスを維持しようとするものであると想定する．なお，「フェイス」は，「自尊心」（self-esteem）といった意味に近く（Huang 2007），「面子」や「対面」と訳される場合もあるが，普遍的概念であると定義されており，文化固有の概念と必ずしもイコールではないので，通常は「フェイス」という語が用いられる．円滑な人間関係を維持するために，お互いに相手のフェイスを脅かすような行為FTA（face threatening act）を避けようとする．これがポライトネスで，人間の行動において普遍的であると考える．フェイスは言い換えると対人関係上の基本的な

欲求でありそしてこの対人関係に関わる基本的欲求であるポジティブ・フェイスやネガティブ・フェイスを脅かさないように配慮して話し手がとる言語行動をポライトネスと言う．二つのフェイスに対応して，ポジティブ・フェイスに配慮した言語行動をポジティブ・ポライトネス，ネガティブ・フェイスに配慮した言語行動をネガティブ・ポライトネスとする．

　話し手がこういった言語行動をとる目的は，聞き手の対人関係上の基本的欲求に配慮していることを表示することで，対人関係を構築しそれを維持していくことにある．これらの言語行動の背後にある二つの欲求は人類に普遍的であるとする一方，ある言語行動がどの程度フェイスを脅かすのかという点や，フェイスを配慮するために使用する言語ストラテジーは，各言語や文化によって異なると考える．すなわち，この研究により，普遍的な対人関係の有様と，個別言語文化ごとで重視されるポライトネス・ストラテジーの多様性が指摘されたわけである．

　ポライトネス理論では，ある言語行動がどの程度フェイスを脅かすか（Wx）を，三つの変数の和で求める．

(7)　Wx = D(S, H) + P(S, H) + Rx

公式中の D は話し手(S)と聞き手(H)の社会的距離（social distance），P は聞き手の話し手に対する力（power），R はある行為(x)が特定の文化で相手にかける負担度（ranking）を表す．そして，フェイス侵害度の程度に応じて使用される言語ストラテジーが異なるとし，ポジティブ・ポライトネス，ネガティブ・ポライトネスを含んだ五つを主要なストラテジーとして提示している．

(8)　ポライトネス・ストラテジー
　　1.　フェイス侵害を軽減する措置を取らずあからさまに言う（Bald on record）
　　2.　ポジティブ・フェイスに配慮する言い方をする（Positive politeness）
　　3.　ネガティブ・フェイスに配慮する言い方をする（Negative politeness）
　　4.　言外にほのめかす（Off-record）
　　5.　フェイスを脅かす言語行動をおこさない（Don't do the FTA.）

話し手は，これから行おうとする言語行動が相手のフェイスを脅かす度合いが高

いほど，番号の大きいストラテジーを選択すると考えられる．

次節からは具体的な配慮表現を取り上げることにしよう．4.2節でネガティブ・フェイスに配慮した表現，4.3節と4.4節ではポジティブ・フェイスに配慮した表現を紹介する．

◆ 4.2 相手に行為を指示する表現

本節では，話し手が好ましいと考える（望む）行為を相手（聞き手）に指示する表現（命令表現，依頼表現，勧誘表現，提案表現）をとりあげよう．行為を相手（聞き手）に指示する行為は，聞き手のネガティブ・フェイスを脅かすと考えられるが，相手のフェイスに対してどのような言語表現で配慮を表すのだろうか．

4.2.1 ストレートに言う

行為指示をストレートに表現するストラテジー（[1]「あからさまに言う」(bald-on-record strategy)）は，フェイスを軽減する必要がない場合に選択される．依頼表現を例に考えてみよう．たとえば，友人と食事をしていて，テーブルの塩を取ってほしいときには，"Could you possibly pass me the salt, please?" ではなく "Pass me the salt" とストレートに言うだろう．友人とは親しい間柄だし，ましてや友人の近くにある塩を取ってこちらに渡すという行為は，友人に負担をかけるような行為ではない．こういったFTAの程度が低い場合には，あからさまに（単刀直入に）言うというストラテジーが使われる．これ以外に，最も効率的に伝達する必要がある際にも使われる．たとえば，重大な緊急事態では，"Could you help me?" や "Please help me if you would be so kind" といったような回りくどい表現を使うのではなく，"Help!" とストレートに言うだろう．さらに，話の焦点がその場の作業（task）に向けられている場合にも，あからさまに言うストラテジーが選ばれる．

(9) a.（道案内で）Go straight and turn left.
　　b.（自動食器洗い機の取扱説明書）Press the button to start the machine.

(9)の例を日本語に訳すと「まっすぐいって左に曲がりなさい」「食器洗いを始めるのにそのボタンを押しなさい」といったような命令形ではなく,「まっすぐいって左に曲がります」「食器洗いを始めるのにそのボタンを押します」となる点に注意したい.

一方,ストレートに言うことで相手への配慮を示す場合もある.

(10) Cost-benefit scale

[1] Peel these potatoes.
[2] Hand me the newspaper.
[3] Sit down.
[4] Look at that.
[5] Enjoy your holiday.
[6] Have another sandwich.

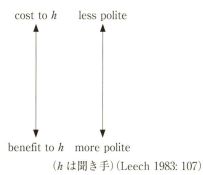

(h は聞き手)(Leech 1983: 107)

リーチは"cost-benefit"のスケールからポライトネスをとらえているが,聞き手に利益のある行為は,むしろ選択肢を与えないストレートな表現を用いることで,配慮を示していると言えるだろう.

(11) (入国審査で)
Immigration officer: Will you show me your passport, please?
(パスポートを提示)
Immigration officer: Thank you. How long will you be staying?
Mr. Yamada: Not longer than two weeks.
Officer: Thank you. Enjoy your trip.

(11)では,パスポートを見せるという行為を指示する際には,ストレートな命令形を使用していないが,旅行を楽しむという行為を指示する際には,それが聞き手の利益になる行為なので,ストレートな命令形を用いている.

(12) (Margaret はリハビリのためにセンターにきている老女で, Millie はセンターのスタッフである. Millie はきっと二人が友達になるだろうと思って, Margaret に同じくリハビリのためにセンターにきている Ruth を紹介する)
Suddenly Millie said, "<u>Wait right here</u>. I'll be back in a minute." She returned moments later, followed closely by a small, white-haired woman in thick glasses. The woman used a walker. "Margaret Patrick," said Millie, "<u>Meet Ruth Eisenberg</u>."
(*The Story of Margaret and Ruth* from "A 4th Course of Chicken Soup for the Soul: 101 Stories to Open the Heart and Rekindle the Spirits")

(Canfield et al. 1997)

(12)では2か所命令形が使われている.「ここで待つ」ことや「ルース・アイゼンバーグさんに会う」ことが聞き手のフェイスを脅かすと言うよりも利益になるために, 話し手は「あからさまに言う」ストラテジーを選択したと考えられる.

4.2.2 依頼表現

リーチはある行為を指示する表現のバリエーションと配慮を下記のような図で表している (Leech 1983: 108).

(13)

[7] Answer the phone.
[8] I want you to answer the phone.
[9] Will you answer the phone?
[10] Can you answer the phone?
[11] Would you mind answering the phone?
[12] Could you possibly answer the phone?
    etc.

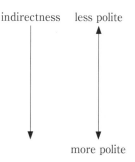

疑問文にしたり, 否定形にしたり, 仮定法を用いたり, 可能性の低さを示すような表現を用いたりといったような間接的手法を多く用いるほどより配慮を示していると考える. 直接発話行為を用いるよりも, 間接発話行為を用いたほうが(よ

り間接的で長い表現を用いたほうが）配慮を示していると述べている．日本語でも同じことが言えるだろう．「窓をあけて」と言うよりも「窓をあけていただいてもよろしいでしょうか」と言う方が，より配慮した表現と言える．

間接発話行為を用いることで配慮表現となるのは，レイコフのポライトネス理論で言われているように，聞き手に選択肢（はい，いいえ）を与えることで聞き手への強制力が弱まるからである．

これ以外にも，垣根言葉（hedge, softener）を用いることで配慮を表す．垣根言葉は，「もしできたら」「もし構わなければ」といったような意味を付加することで，発話内効力を和らげる（依頼の強制力を和らげる）機能があるので，聞き手のフェイスを脅かす度合いを弱めることができる．

(14) a. Would you close the window, <u>if I may ask you / if you don't mind</u>?
　　　b. Could you copy this document, <u>if you can</u>?　　（Brown and Levinson 1987）

日本語では配慮表現は，聞き手との対人関係が，最も重要な言語選択の鍵となるが，ブラウンとレビンソンの理論でも述べられているように，英語の場合は，その行為の負荷も要因となる．たとえば，その行為は聞き手にとって義務がまったくない場合（負荷が高い）は，否定形にしたり，仮定法を用いたり，可能性の低さを示すような表現を入れたりする．(15)では，話し手が，一種の悲観的な表現（～するのは気になるでしょうか）を用いることで，聞き手が拒否しやすいよう配慮を示すものである．

(15) （電車の中で）
　　　A: Do you need some help?
　　　B: Oh, thank you. <u>Would you mind</u> putting my suit case up on the rack?
　　　A: Not at all. There you go.
(16) （建物に入る際，自分の手が荷物でいっぱいなので見知らぬ人にドアを開けてもらわなければならない状況で）
　　　A: Excuse me, if you could hold the door open for me, I would really appreciate it.
　　　B: No, problem.　　　　　　　　　　　　　　　　　　　　　　（東 1999）

(16)では見知らぬ人（相手との距離が大きい）に（本来であれば必要のない）負担をかけるため，間接的な表現である仮定法過去の条件文が用いられている．過去時制を用いて視点を移すことにより，話し手をFTAから遠ざけることができる．現在時制から遠ざける（過去時制にする）という配慮表現は，「もしかして，次回の会議の書記をかわってもらったりしても大丈夫でしょうか」といったように日本語でも用いられる．

(17) <u>You couldn't possibly/by any chance</u> lend me your lawnmower.
(Brown and Levinson 1987)

(17)のように，否定形にしたり，仮定法を用いたり，可能性の低さを示すような表現を入れたりする．"possibly"は可能性はあるが，必ずしも確実ではないことを示す．

(18)（オフィスでマネージャーが秘書に）
Kate: I know this is a bit last minute Brenda, but do you think you could possibly stay later tonight? It's just that I need to get the meeting agenda ready for tomorrow. (Riddiford and Newton 2010)

(18)では，上司が部下に依頼するという状況であるにもかかわらず，依頼の前置きをし，さまざまな垣根言葉を使って依頼を和らげ，さらにその依頼の理由を提示している．

友人同士でも，負担をかける場合は配慮表現が用いられる．

(19) A: Susan, you aren't going past the florist's, are you, by any chance?
B: Yes, I am, actually.
A: Well, it's my mother's birthday, and I want to give her some flowers. I don't suppose you could drop in and get me a bunch of roses (rising tone)?
B: Yes, sure, no problem.
A: Oh, thanks very much. (鶴田ほか 1987)

「Aのために花屋さんにいって花を買う」義務は友人にも秘書にもない．つまり

相手にとって負荷の高い行為を依頼するので、その行為が起こることに対して悲観的な表現を用いている.〈あなたが花屋の前を通るという（私にとって好都合な）ことが起こるはずがない〉とか,〈花屋さんに立ち寄ってバラの花を買うという（私にとって）好都合なことが起こるとは思わない〉ということで、拘束性を下げて、相手に拒否しやすくしているのである．これは、親しい友人同士でも、上司から秘書でも起こりうると述べている（鶴田ほか 1987）.

　Brown and Levinson の計算式(7)がそのまま間接性の度合いと一対一対応になるとは言えないが、その行為の相手にかける負担度や相手との距離（親疎、上下といった関係性）がどのような配慮表現（より複雑で長い表現）を用いるかの指標となる点は留意したい．井出ほか（1986）の研究では、日米の大学生約 1000 人を対象に、ペンを借りるときに相手によってどのような表現を用いるかを調査した．日本人は、話しかける相手が誰かによって表現の使い分けがはっきりしているという結果であった．目上の人や見知らぬ人には「貸していただけますか？」「お借りできますか？」といった表現が選ばれたのに対して、親しい人には「貸して」「借りるよ」といった表現が選ばれた．一方、アメリカ人大学生は、相手に関係なく使われる表現が同じであることが分かった．英語では、聞き手が誰であるかといった対人関係で表現が固定されているというよりも、話し手に選択権があると言えるだろう．また、本節での例からも分かるように指示する行為の負荷度が表現選択に影響を及ぼしていることが分かる．

◆ 4.3　相手に同意しない表現

　本節では、相手の発言に同意しない表現を取り上げよう．これは、相手（聞き手）のポジティブ・フェイスを脅かすと考えられるが、相手のフェイスに対してどのような言語表現で配慮を表すのだろうか．

4.3.1　不同意

　相手の意見に対して同意しない場合はどのようにして配慮を示すのだろうか．不同意であることをはっきりと表現することを避けるために、一般的によく用いられるのが、前置き（preface）としての同意（token agreement）である．

(20) A: I think children should study at home instead of at school. Then they can really learn to think for themselves.
　　 B: That's an interesting idea, but that will cause too many problems. For one thing, teachers will lose their job.　　　　　　(映画 *The War of the Roses*)
(21) Tess:　　... Buying into radio would, in one fell swoop, accomplish two important tasks. It would give Trask a solid base in broadcasting, and because of FCC regulations forbidding foreign ownership of radio stations, it would wipe out the threat of a Japanese takeover.
　　 Romano: Interesting idea, but I don't like it.　　　　(映画 *Working Girl*)

(22)のように，不同意の前置きとしては，談話標識（discourse marker）の"well"もよく見られる．口調を和らげる垣根言葉とともに用いられる場合も多い．

(22) A: Metro's terrific opportunity.
　　 B: Well, I'm sure it is, but a Chicago group just put a bear hug on Metro this morning, and the company's in play.　　　　　　(映画 *Working Girl*)
(23) A: We should be allowed to drive to school. What do you think?
　　 B: I understand your point, but my idea is a little different.
　　　　　　　　　　　　　　　　　　　　　　　(映画 *The War of the Roses*)

(23)では，相手の言っていることを理解できると，いったん前置きしてから，意見が異なるということを相手に伝えている．さらに，"a little"といった口調を和らげる垣根ことばを用いて，さらに配慮を表している．

Holtgraves (1997)は友人同士の討論（debate）において不同意がどのように表されるかについて，ロールプレイを用いて調査した．討論では，相手の意見に反論することも当然のこととして認められている．しかも友人同士という設定のもとでは，最もストレートに不同意の意見を表現できる状況であると考えられるが実際にはさまざまな配慮表現がみられた．

不同意を避けるストラテジーとして，最も多く用いられていたのが，意見を和らげる（hedge opinion）というストラテジーであった．"I guess"，"I feel"，"I mean"といった表現や，(24)に見られる"I don't know"が用いられていた．

(24) a. C: <u>I don't know</u>, I just think that if she did get pregnant and I mean, she should have the baby.

b. M: And I kind of a think that's it's considered in human form just at conception. <u>But I don't know</u>, it's hard to say. (Holtgraves 1997)

不同意を述べる前に，いったん同意するという token agreement も多く，ロールプレイの分析結果でも，調査協力者の半分以上が使用していた．

討論という状況下で特徴的なストラテジーとして，safe topic があげられる．これは，メイントピックは賛成と反対だが，お互いが同意できるであろうサブトピックを選んで提供するというストラテジーである．たとえば(25)の討論のトピックは「学校での祈り（school prayer）」で，B はこれに賛成で M は反対である．抜粋箇所の前の部分で，B は学校での祈りが禁止されるのは政治的な背景があるというサブトピックを投げかけると，それに対し，M は M1，M2，M3 で賛成している．このように話し手は，聞き手に対して全体的には反対の立場であっても，部分的には同意できそうなトピックを提供して，不同意を和らげているのである．

(25) B1: Well, I think it also started out of just, you know, like out of politics.

M1: <u>Yea</u>.

B2: Just, you know, just for an issue. Just to start something up. No, I'm serious.

M2: <u>I agree with you</u>.

B3: Just to say, Oh well, if so and so wants prayer in school, you know, it should be a choice that if not, you know, you know, the person can just say a prayer to themselves and they don't have to, you know, have everyone else say the prayer with them.

M3: <u>Right. I agree with that</u>. I guess, I guess in a way it's more political than religious or anything else. It's probably why .... (Holtgraves 1997)

不同意の意見は，あくまでも個人的な見解であり根拠に基づく客観的な見解ではないと述べるといった表現も見られた．個人的な見解とすることで，主張したい命題のニュアンスを和らげる機能を果たしていると言える．(26)では個人的な見解であることを示す"in my opinion"という語句が使用されている．

(26) R: I just don't think it's right morally, in my opinion.　　　(Holtgraves 1997)

　自分の意見を低めて謙遜することで，不同意のニュアンスを弱める例もあった．(27a)は中絶に賛成する意見であるが，「自分は中絶したくないけれども」というように賛成意見に個人的には嫌悪感があることを示しながら，反論を和らげようとしている．(27b)では，自分の意見を"dumb idea"（愚見）であると言うことで，不同意のニュアンスを和らげようとしている．

(27) a. M: I know personally, I mean, I wouldn't really want to get an abortion. But if I got pregnant now I know I know I couldn't be a proper mother to a baby.
　　 b. M: It's a dumb idea but it would work.　　　（Holtgraves 1997）

　調査結果から，親しい友人や知人同士のディベートであるにもかかわらず，さまざまな配慮表現を用いてストレートに不同意の意見を述べることを避けていることが明らかである．また，討論後，自分も含めた討論者の印象について評価してもらった結果，上記で上げたような配慮表現の使用頻度の低い話し手は，ストラテジーの使用頻度の高い話し手より，支配的で自己主張が強く，よりストレートであるという印象が得られた．

　続いて村田（2002）の不同意表現に関する調査結果を紹介しよう．村田（2002）は，談話完成テスト（discourse completion test: DCT）をアメリカ英語（母語）話者40名，および日本語（母語）話者40名に実施してその結果を分析した．作成したDCTは，複数の状況，及び各状況について目上と友人の話し相手を設定し，相手の意見に同意する場合，不同意の場合にどのような表現を使用するかを自由に記述してもらうというものである．この中から食事に招待されて，招待した人から"The food here is delicious."（「ここの料理はおいしいなあ．」）と言われたときに，そうは思わない場合（つまり不同意の場合），どのように述べるかという設問(28)に対する結果を紹介する．

(28) You were invited to dinner by *your boss* (*or your professor*)/*your close friend*. While you are having dinner, *your boss* (*or your professor*)/*your close friend*

says: The food here is delicious, isn't it?
When you disagree with him/her (that is when you don't think it is delicious)
(日本語版)あなたはAさんに食事に招待されています．食事をしているときAさんがあなたに次のように言いました．「ここの料理は本当においしいなあ．」
Aさんの意見に反対のとき（その料理がおいしいと思わないとき）
Aさんがあなたの上司あるいは先生の場合/Aさんがあなたの親しい友人の場合

食事に招いてもらったという状況で，招いてくれた人が「おいしい」と述べているにもかかわらず，「おいしくない」と述べるのは，相手のフェイスを脅かす程度が非常に高い状況であると言える．こういった状況で，アメリカ英語話者の使用するストラテジーについて日本語話者と比較すると，目上に対しても友人に対しても不同意の意見は述べるが，この節で紹介したさまざま表現を和らげていることが分かる．これに対して，日本語話者は，目上と友人間で大きく異なっていた．目上に対しては，「同意のふりをする」「黙る」「話題をかえる」「あいづち」などのストラテジーの違いはあるものの，一例も不同意の意見を述べているものが見られなかった．さらに，「同意のふりをする」ストラテジーに見られた「本当においしいですね．」といったように，強い同意を伝えるという例が複数見られた．友人に対しては，アメリカ英語話者ほど多様な配慮表現を用いているとは言えず，むしろストレートに不同意を表す傾向があると言える．

「アメリカ人はストレートで日本人はストレートではない」というステレオタイプは，この調査結果を見る限り正しいとは言えない．アメリカ英語話者は，不同意の意見を述べる際にも，ストレートに意見を述べるのではなく，多様な配慮表現によってニュアンスを和らげている．日本語話者は，このような表現を和らげるための多様なストラテジーを使う傾向が低く，目上には意見を明示的に表さず，友人に対しては，逆にストレートに述べるという傾向があるようだ．

4.3.2 拒否

相手の誘いや申し出に拒否する場合は，どのようにして配慮を示すのだろうか．

(29) Tommy: Would you like to go to the movie tonight?
　　　 Emily:　I'm sorry, but I have another appointment.

(29)では，Tommyの誘いを断ることは悪いということ（聞き手のフェイスへの配慮）を，断る前の謝罪で表している．

(30)（先生から弁論大会に参加するように言われた学生が）
　　A: Mr. Lauresen, I would really love to perform at the speech contest but I am afraid I am too busy.
　　L: Is that so?
　　A: Yes, I am really sorry.
　　L: I will find someone else. It's OK.　　　　　　　　　　　　（東 2000）

(30)においても，単刀直入に断るのではなく，相手の意向に沿いたいという気持ちや申し訳ない気持ちを伝えながら断っている．さらに，断る理由も明記している点に注意したい．日本語では特に目上の誘いや申し出に断る際に，理由を述べると，言い訳のように聞こえる場合があるが，英語の場合はなぜできないのかについて，理由を明示的に言う傾向があるようだ．Beebe et al. (1990) では，談話完成テストを用いて日本語，日本人が話す英語，アメリカ人の断りについて調査しているが，そこで特徴的なのが，アメリカ人の英語には，断ることに対する謝罪や理由に加えて，相手への同情（I wish I could）や肯定的コメント（That's a good idea）も用いられる点であるという．

◆ 4.4　親しみを表す表現

　4.3節では，相手のポジティブ・フェイスを脅かす行為を行う場合に，どのようにして配慮を表すかを扱った．本節では，相手のポジティブ・フェイス（認められたい，仲間に入りたい）という欲求を満たすような配慮表現を扱う．普段あまり配慮表現として意識していないかもしれないが，これらも相手に配慮を表すための配慮表現である．

4.4.1　お世辞（肯定的なコメント）

　津田ほか（2006）は，英語母語話者教員の授業での発言をポライトネスの観点から分析したところ，共通した特徴が見られた．それは，学生に対して肯定的な

4.4 親しみを表す表現

コメントや褒めるといった発言である．(31)は学生が答えたときの教員の応答である．

(31) a. T: Oh, good. Yes!
b. T: OK. Well done! Well done, Yurika. Terrific!　　　（津田ほか 2006）

(32)は学生全員のリピート中に特別はっきりとよく通る声でリピートしている一人の学生に対して，褒めている場面である．

(32) T: Close book. Stand up. Read. Speak out. Loudly. Right. Repeat. How far is New Zealand from Australia?
Ss: How far is New Zealand from Australia?
T: Wonderful, Mr Taira!　　　（津田ほか 2006）

上の例でも見られるように，肯定的コメント（褒め）を言う場合は，相手の名前を付加する場合が多い点も注意したい．こういった褒めに対して，日本語では，「とんでもないです」「そんなことないです」と謙遜で受け答えすることが礼儀だと考えられるが，英語の場合は，素直にお礼で受け答えするのが一般的である．さらに，褒められたこと（もの）についての情報を付加する場合もよく見受けられる．

(33) A: Hey, that's a really nice tie.
B: Oh, thanks. I got it at WAl-Mart on special.
A: You got a good deal on it.
B: Thanks.　　　（東 2000）

日本語で肯定的コメント（褒め）は，親しい間柄や，上下関係の下の者（年下や目下）に対して用いることが一般的で，目上の人に用いるとかえって失礼に受け取られたり，おべっかとして受け取られたりする場合が多い．

(34) （学生が教員に）
A: Thank you for your interesting lecture. I'm proud of you.　　　（水谷 2015）

一方，英語圏では，(34)のように学生が教員に（目下のものが目上に）肯定的コメントを言うことはよくあることである（水谷 2015）．

4.4.2 親愛表現

親しみや親愛を表す配慮表現として英語でまずあげられるのが，呼びかけ語である．日本語では，呼びかけ語を用いる場合は，注意を喚起する場合である．

(35) A: 坂本先生，明日は研究室にいらっしゃいますか？

(35)のように，文頭に用いるのが一般的で，配慮表現として働くわけではない．一方，英語で呼びかけ語は親愛や親しみを表し，配慮表現として機能する．たとえば，水谷（2015）では，映画や雑誌記事，書籍から呼びかけ表現を抽出し，その種類や現れ方，機能を分析している．最も多かったのが，相手のファーストネームであった．

(36) I'm glad you come, Marth. (水谷 2015)

(36)のように文末に呼びかけ語を用いる場合が多いことが分かった．英語の呼びかけ語は，ファーストネームが親愛を表し，ファミリーネームが Mr. Ms. などの敬称とともに用いられることで敬愛を表す（水谷 2015）．

親愛を表す呼びかけ語としては，ファーストネーム以外もある．

(37) a. Come here, mate/honey/buddy.
b. Bring me your dirty clothes to wash, honey/daring/Johnny.
(Brown and Levinson 1987)

(37a)では話し手は親しさを強調するような呼称を使用することで,聞き手との距離を縮めて，権力のある者からない者への命令ではないことを示唆し，命令形のニュアンスを和らげようとしている．また(37b)を子供に使用すれば，親しさを持った呼称の使用により命令ではなく依頼になる．

聞き手に親しみを表す表現として，仲間内のことばを使用することによって，

聞き手と共通の基盤に立っていることを示すというストラテジーである．これには，グループ内言語やスラングがあげられる．

(38) A: How many people come here each year?
　　 B: Over one million.
　　 A: Holy shit!　　　　　　　　　　　　　　　　　　　　　　　　　　（東 2000）

"Holy shit" は，驚いたときの感嘆句として用いられることもあるスラングである．このようなスラングは，親しさを表す場合もあるが，受け手側に立てば，無礼・失礼（impoliteness）として機能する場合もあるので注意が必要である．無礼・失礼，あるいはマイナスの待遇表現についての研究も近年行われるようになってきた（Culpeper 2011, 西尾 2015）．

さらに，冗談を理解するためには話し手と聞き手が共通の基盤に立っていることが前提となっており，これも配慮表現と言えるだろう．

(39) （最近知り合った男フランクと女モリーがレストランで食事をし，フランクがひとしきりしゃべった後自分ばかりしゃべるのではなくモリーもしゃべるようにと勧める場面で）
　　 Frank: All right, I'm talkin' too much.
　　 Molly: No, you're not.
　　 Frank: Well, at least I'm talking. You're just sitting there.
　　 Molly: It's true.
　　 Frank: Okay, I'll shut up, you talk.
　　 Molly: Okay. Well, whatta ya want to know?
　　 Frank: How much do you weigh?　　　　　　　　　　　（映画 *Falling in Love*）

ここでフランクは，「体重を尋ねる」という FTA を意図的に冗談として言うことによりモリーとの心的距離を縮めようとしている．

◆ 4.5　談話にみられる配慮表現

ここまでみてきた配慮表現は，主として発話レベルであったが，実際の会話で

は,配慮を表す表現は,単一発話のみならず,複数の連続した発話やいくつもの発話にまたがる場合が多い.

たとえば,(40)では,金曜日に休暇をとって長めの週末にしたいという依頼を上司にする際,依頼内容とは天気の話(雑談)から始めている.

(40) (Tom が上司の Greg に)
  Tom: Can I just have a quick word?
  Greg: Yeah, sure, have a seat.
  Tom: (sitting down) Great weather, eh?
  Greg: Mm …
  Tom: Yeah, been a good week. Did you get away skiing at the weekend?
  Greg: Yeah, we did. Now, how can I help you?
  Tom: I was just wondering if I could take Friday off and make it a long weekend.
  Greg: Mm … I don't see any problem with that … you will have finished that report by then, won't you? (Riddiford and Newton 2010)

また,(41)では,会議の記録をとってほしいと依頼する場面であるが,いくつもの発話にわたって相手に依頼していることを気づかせようとしている.最終的には相手の方から記録係をすることを申し出ている.

(41) (オフィスで同僚同士が,ミーティングの記録係を誰がするかをめぐって)
  Paula: Well, I guess we'll need a record of the meeting.
  Fay: Yeah, that would be really useful.
  P: It's really important everything's in writing around the issue.
  F: Mm.
  P: since I'll be chairing …
  F: Would you like me to do it this time?
  P: Well if it isn't too much … I mean if you could.
  F: OK.
  P: That would be great. (Riddiford and Newton 2010)

4.4 節で扱った親愛表現も,談話レベルで考察するとダイナミックな変化をとら

えることができる.

(42) (場面) 看護士さんが患者さんに
　　　Nurse: Good morning, Mr. Grant.
　　　Mr. G: Morning dear.
　　　Nurse: I'm going to change that dressing. Is that OK?
　　　Mr. G: Gonna torture me again, are you, your sweetie?
　　　Nurse: Third degree, no mercy mate.　　　　　　　(Holmes 2013)

(42)では，看護士が患者に対して距離保った呼び方をしているのに対して，患者がユーモアで切り返し，親愛表現で呼びかけることで，看護師もそれに応えていることが分かる.

　村田(2015)はニュージーランドの会社の会議と，日本の会社の会議に見られるユーモアを調査したところ，ユーモアの現れ方に大きな違いが見られた．ニュージーランドの会社では，全員が協力して協働構築するようなタイプだったり，目下が目上をからかう(teasing)といったタイプが多く見られた．一方，日本の会社では，社長や会議の司会者がユーモアを行った後，他のメンバーが追随して笑うといったタイプが多く見られた．これも談話レベルでの配慮表現である．

　また，実際の会話が行われている状況は複雑で，配慮(ポライトネス)を考える際には，会話相手との関係だけでなく，話し手・聞き手も含めた会話参加者間の関係，会話の行われている場所や時間，その場の改まり度，その他さまざまな社会的状況をも考慮する必要がある．さらに，会話は参加者同士がダイナミックに構築していくものであり，ポライトネスについても，その会話の場で何が起こっているのかを詳細に考察する必要がある．特に，その発話がポライトかどうかの判断は，話し手の意図だけではなく聞き手の解釈にもかかっているのであるから，話し手の立場からの分析だけでなく，聞き手の立場も考慮するべきである．このように，近年，よりダイナミックにポライトネスをとらえようという立場からの研究が展開されている (Eelen 2001, Mills 2003, Watts 2003, Murata 2015).

🔍 より深く勉強したい人のために

- ペネロピ・ブラウン，スティーヴン・C. レヴィンソン著(田中典子監訳) (2011)『ポラ

イトネス　言語使用における，ある普遍現象』研究社．
　　本章でも紹介しているポライトネス研究の代表的な文献であるブラウンとレビンソン（Brown and Levinson 1987）の翻訳である．配慮表現について研究をする際の最も基本的な理論である．本章では，紙面の都合で，ポライトネス理論の一部だけを取り上げたにすぎず，ぜひ理論の全容を把握してほしい．英語で読むのが難しいときには，この翻訳本が手がかりになるだろう．
- 滝浦真人（2004）『ポライトネス入門』大修館書店．
　　ポライトネス理論をやさしく解説した入門書である．ポライトネス理論の成立のプロセスや，日本語における諸言語現象がポライトネスという観点からどのように説明されるかを整理してまとめられている．とりわけ「距離」という概念を用いたユニーク視点によって，ポライトネス理論を日本語研究にどのように適用すればいいのかを詳説している点が興味深い．
- Kazuyo Murata（2015）*Relational Practice in Meeting Discourse in New Zealand and Japan*, Hituzi Shobo.
　　ビジネス・ミーティング談話を異文化間で比較した実証的研究である．日本語および英語の談話レベルでとらえた配慮表現（Relational Practice），とりわけ，ユーモアとスモールトークを焦点に表出の特徴を明らかにし，異文化間コミュニケーションにおけるそれらの使用の評価を分析する．ポライトネス理論についても，最近の動向がまとめられている．
- 西尾純二（2015）『マイナスの待遇表現行動―対象を低く悪く扱う表現への規制と配慮―』くろしお出版．
　　本章では，相手に対する（プラスの）配慮を示す表現を対象にしたが，この本においては，対象への低く・悪い評価を表出する言語表現をマイナスの待遇表現とし，日本語におけるこれらの表現性と表現行動の多様性を明らかにすることを目指している．待遇表現の二面性への気づきを与える書であり，待遇表現についての新たな視点を得ることができるだろう．

文　献

東照二（1994）『丁寧な英語・失礼な英語』研究社．
東照二（2000）『親しさを増す英語』研究社．
井出祥子・荻野綱男・川崎晶子・生田少子（1986）『日本人とアメリカ人の敬語行動―大学生の場合―』南雲堂．
津田早苗・村田泰美・村田和代（2006）「英語を母語とする教員の教室内における発話の分析：ポライトネスの観点から」堀素子・津田早苗・大塚容子・村田泰美・重光由加・大谷麻美・村田和代『ポライトネスと英語教育―言語使用における対人関係の機能』ひつじ書房．

鶴田庸子・ポール ロシター・ティム クルトン（1987）『英語のソーシャルスキル』大修館書店．
西尾純二（2015）『マイナスの待遇表現行動―対象を低く扱う表現への規制と配慮』くろしお出版．
水谷信子（2015）『感じのよい英語　感じのよい日本語：日英比較コミュニケーション文法』くろしお出版．
村田和代（2002）「やわらかい明瞭さ―アメリカ英語のポライトネスの一側面について」龍谷大学紀要編集会『龍谷紀要』24(1): 39-52.
Beebe, L.M., T. Takahashi and R. Uliss-Weltz (1990) "Pragmatic Transfer in ESL Refusals," in R.C. Scarcella, E.S. Andersen and S.D. Krashen (eds.) *Developing Communicative Competence in Second Language*, New York: Newbury House, 55-73.
Brown, Penelope and Stephen Levinson (1987) *Politeness: Some Universals in Language Usage*, Cambridge: Cambridge University Press.
Canfield, Jack, Mark Victor Hansen, Hanoch McCarty and Meladee McCarty (1997) *A 4th Course of Chicken Soup for the Soul: 101 More Stories to Open the Heart and Rekindle the Spirit*, Chicken Soup for the Soul.
Culpper, Jonathan (2011) *Impoliteness: Using Language to Cause Offence*, Cambridge: Cambridge University Press.
Eelen, Gino (2001) *A Critique of Politeness Theories*, Manchester: St Jerome.
Holmes, Janet (2013) *Introduction to Sociolinguistics*, Fourth Edition, Harlow: Longman.
Holtgraves, Thomas (1997) "Yes, but... Positive Politeness in Conversation Arguments," *Journal of Language and Social Psychology* 16(2): 222-239.
Huang, Yan (2007) *Pragmatics*, Oxford: Oxford University Press.
Lakoff, Robin (1973) "The Logic of Politeness: or Minding Your P's and Q's," *Chicago Linguistic Society* 9: 292-305.
Leech, Geoffrey (1983) *Principles of Pragmatics*, London/New York: Longman.
Mills, Sara (2003) *Gender and Politeness*, Cambridge: Cambridge University Press.
Murata, Kazuyo (2015) *Relational Practice in Meeting Discourse in New Zealand and Japan*, Tokyo: Hituzi Shobo.
Riddiford, Nicky and Jonathan Newton (2010) *Workplace Talk in Action: An ESOL Resource*, Wellington: Victoria University of Wellington.
Watts, Richard (2003) *Politeness*, Cambridge: Cambridge University Press.

映　画

Falling in Love (1984)『恋に落ちて』
The War of the Roses (1989)『ローズ家の戦争』
Working Girl (1988)『ワーキング・ガール』

第Ⅱ部　応用編

対話表現はいかに変化したか
――英語史的変化と日本語若者言葉――

第5章　対話表現と文法化——事例研究

米倉よう子

◆ 5.1　談話標識と文法化

　この章では，対話に関わる表現として談話標識（discourse marker）を取り上げ，その機能発達と文法化（grammaticalization）との関わりについて考える．
　文法化研究の登場は，ソシュール以来，「共時的」（synchronic）・「通時的」（diachronic）の二分法の支配が普通であった言語分析に大きな変化をもたらした（Heine et al. 1991: 2）．従来の通時的言語研究では，ある言語の語彙・文法の歴史的変化の記述や，古い時代の（おもに）文学作品が持つ言語的特徴を明らかにする文献学的研究が主流であった．それに対して文法化研究は，通時的言語変化だけでなく，通時的変化の結果としての共時的言語現象をも考察の対象とし，分析には認知文法をはじめとする言語理論の枠組みを用いる．また，文法化研究は言語類型論（linguistic typology）の立場をとり，世界の言語に広く見られる文法化経路パターンに大きな関心を寄せる．中でも Heine and Kuteva（2002）は，言語類型論的文法化研究のまさに集大成と言えよう．文法化経路パターンの研究は，文法化は一方向に進み，逆向きの変化経路パターンを見せる言語はないという「単方向仮説」（unidirectionality hypothesis）を生み出した．さらに近年は，構文文法（Construction Grammar）の知見を取り入れた文法化研究も出てきており（たとえば Traugott and Trusdale 2013 や秋元・前田 2013），文法化研究はさらなる隆盛に向かおうとしている．
　談話標識の通時的発達については，これを文法化の例とする研究者もいれば，文法化ではなく，別種のプロセスと考える研究者もいる．また，談話標識の発達には主観化（subjectification），間主観化（intersubjectification）が認められるこ

とが多いが，これらについても，文法化を引き起こす本質的要因なのか，文法化のアウトプットなのか，あるいは文法化によく見られるが文法化の本質的現象とは言えず，付随的現象にすぎないのかという問題は，文法化に関する論考でさかんに取り上げられてきた．

このような研究状況の中，談話標識と文法化の関係は，どのようなことが明らかにされてきたのだろうか．また，研究の将来的展望はどうなっているのだろうか．

◆ 5.2 文法化とは

まずは文法化の定義とその特徴を見ておこう．簡単に言えば，文法化とは，ある語彙項目や構文が文法的意味機能を獲得すること，あるいは文法的意味機能を持つ言語形式がより文法的な意味機能を獲得するプロセスである．これは，Hopper and Traugott（2003）による以下の文法化の定義にも記されている．

(1) "a change whereby lexical items and constructions come in certain linguistic contexts to serve grammatical functions, and once grammaticalized, continue to develop new grammatical functions" （Hopper and Traugott 2003: xv）

ところが，文法化を特徴づけるものは何かという問いになると，研究者の意見は必ずしも一致しないのである．よく知られているものの一つとしては，Hopper (1991) による文法化の五原理があげられよう．文法化によく見られる現象として Hopper (1991) があげた五つの原理とは，(ⅰ) 層化 (layering), (ⅱ) 分岐 (divergence), (ⅲ) 特殊化 (specialization), (ⅳ) 保持 (persistence) および (ⅴ) 脱範疇化 (de-categorization) である．まず「層化」とは，あたかも地層が形成されるように，ある意味機能を表す形態が，以前より存在していたものに加えて新しく出現し，積み重なっていく現象を指す．「分岐」とは，新たに出現した文法的意味がその源となった古い意味から分岐していく際，その古い意味もまた以前と同じように存在し続ける現象である．次に「特殊化」とは，同じような文法的機能を果たしていた変種の中から少数の変種だけが生き延び，他の変種は消え

去っていく現象である．一方，「保持」は，文法化の結果，生まれた新機能が，そのもとになった意味機能に影響され，使用可能範囲上の制約を受ける現象を指す．最後に「脱範疇化」は，文法化を受けたものが名詞，動詞などの語彙的範疇の持つ特徴を喪失し，より文法的な範疇（たとえば法助動詞や前置詞など）の特徴を獲得する現象である．

　文法化に伴う構造的変化としては，Givón（1979）が提案した(2)がよく知られている．なお，記号＞は，左側から右側に変化していくことを表している．

(2)　談話（discourse）＞統語（syntax）＞形態（morphology）＞形態音韻（morphophonemics）＞ゼロ（zero）　　　　　　　　　　　　　　　　　　　（Givon 1979: 209）

(2)では，本来は談話的に結びついていたものの関係が，統語的結合となり，さらに融合が進んで形態的結合，続いて形態音韻的結合に移行，最終的にはゼロとなってしまうという文法化観が見てとれる．

　Givón（1979）と同じ発想は，Lehmann（2002）でも顕著である．その根底にある考えは，「文法化の意味面と形式面は相互依存関係にあり，文法化の進捗度は，当該語句の自立度に反比例する」というものである．自立度を測る手段として，Lehmann は六つの基準を提案した．それによると，文法化が進んでいるものほど，(ⅰ)意味的・音声的完全性に欠落が見られる，(ⅱ)パラダイム形成が見られる，(ⅲ)特定のコンテクストにおいて使用が義務化される，(ⅳ)構造的スコープが狭くなる，(ⅴ)形態音韻的結合度が進む，(ⅵ)現れる統語的位置が固定されるという．

　Hopper（1991）や Lehmann（2002）が提案した以上の原理や基準は無論，そのすべてが文法化に常に見られるわけではなく，文法化という現象を解明する上でどこまで有効なのかが問題になってきた．談話標識発達との関係で言えば，とりわけ「スコープ（scope）の縮小」の問題が議論の的となる．つづく 5.3 節では，談話標識の意味機能発達にしばしば認められる意味変化傾向について見てみよう．

◆5.3 談話標識機能と意味変化傾向

5.3.1 談話標識とは

談話標識の発達を考える前に，まずは談話標識の定義をしておかねばなるまい（歴史的語用論における談話標識は3.1節参照）．ところが，これがなかなかに困難な作業なのである．そもそも先行研究において，「談話標識」という用語が一律に用いられているわけではない．「語用論的標識」(pragmatic marker) (Claridge 2013) と呼ばれることもあるし，「挿入的コメント節」(parenthetical comment clause) (Brinton 2008) という言葉が使われる場合もある．名称は違えど指すものは同じというわけでもなく，「談話標識」と「語用論的標識」は区別されてしかるべきとする先行研究もあれば（たとえばFraser 1990），「談話標識」を「語用論的標識」の下位グループと位置づける先行研究もあり（Dér 2010を参照），一致した見解がない状態である．このような状況ではあるが，本章ではHeine (2013) に従い，談話標識は機能的には以下のような働きをするものと考えよう．

(3) "The main function of DMs [i.e. discourse markers] is to relate an utterance to the situation of discourse, more specifically to speaker-hearer interaction, speaker attitudes, and/or the organization of texts" (Heine 2013: 1211)

そうなると，次にポイントとなるのは，(3)で談話標識が担うとされている意味機能（すなわち，発話を「話し手-聞き手間の相互作用に関連づける機能」，「話し手の心的態度に関連づける機能」，「テクスト構成に関連づける機能」）が，文法化の結果なのか否かという点である．この点については5.4節および5.5節で考察を行う．

5.3.2 談話標識と意味変化傾向

(3)で言及した談話標識の機能は，Traugott (1989) が指摘したコンテクストにおける推論とその慣習化が生み出す意味変化傾向を思い起こさせる．Traugott (1989) では，(4)にあげる三つの変化傾向が提案されている．一瞥して，(4b)は(3)の「発話をテクスト構成に関連づける機能」への意味変化に当たり，(4c)は(3)

の「発話を話し手の心的態度に関連づける機能」へ向かう意味変化にあたることが分かる．

(4) a. meanings based in the external situation ＞ based in the internal situation
たとえば意味の悪化（pejoration）や意味の向上（amelioration）など
b. meanings based in the external or internal situation
＞ based in the textual situation
たとえば動詞 observe（'perceive (that)'＞'state that'）の意味変化など
c. meanings increasingly situated in the speaker's subjective belief-state or attitude
たとえば時間関係を表す while から譲歩を表す while への変化など
（Traugott 1989: 34-35 に基づく）

この三つの意味変化傾向は，「命題的意味＞テクスト的意味＞対人的意味（propositional＞textual＞interpersonal）」という具合にまとめられ，主観化（subjectification）という専門用語で知られてきた．

一方，Traugott and Dasher（2002: 40）では(4)からさらに議論が進められ，(5)のような意味変化の相互連関方向性経路（correlated paths of directionality in semantic change）が提案されている．

(5) a. truth-conditional ＞ non-truth-conditional
b. content ＞ content/procedural ＞ procedural
c. scope-within-proposition ＞ scope-over-proposition ＞ scope-over-discourse
d. non-subjective ＞ subjective ＞ intersubjective
（Traugott and Dasher 2002: 40）

(5d)の「（間）主観化」（(inter) subjectification）は，(3)で見た談話標識の機能のうち，「発話を話し手-聞き手間の相互作用に関連付ける機能」の発達をカバーするものであり，文法化でもよく見られるとされる．ただし，文法化が起これば必ず（間）主観化が見られるわけではないし，（間）主観化が起こっているように見える例で，文法化が常に認められるわけでもない．たとえば Loureiro-Porto（2012: 243-250）は，英語動詞 behoove の発達を取り上げ，そこでは文法化が起

こっていないのに主観性の高まりは認められるとの議論を展開している．このような文法化と（間）主観化のつかみどころのない関係は，「（間）主観的機能を担う談話標識の発達は果たして文法化の結果なのか」という論争の一因となってきた（詳しくは本章 5.4 節を参照）．

さて，(5)の変化経路を今一度，見てみると，前述の（間）主観化の問題はさておき，5.2 節で見た Lehmann (2002) の文法化進捗度基準と明らかに相いれないものがあることに気がつく．それは，(5c)のスコープ範囲に関わる変化経路である．Lehmann は，文法化が進むと構造的スコープは狭まるとした．一方，(5c)では，スコープ範囲は最初は命題内にとどまるが，意味的・語用論的変化が進むと命題外へと拡大し，ついには談話上にまで及ぶとされる．さらに困ったことに，文法化には「単方向仮説」（unidirectionality hypothesis）が存在するのである．この発達の方向性の矛盾は，（間）主観化と文法化の問題よりも深刻である．なぜなら，文法化が進んでいるのに（間）主観化は逆行している例は，管見の限り，存在する可能性は低いと考えられ（cf. 金杉ほか 2013: 3 章），もしそうであれば，（間）主観化と文法化の間には少なくとも「文法化の単方向性」を揺るがす問題は生じない．しかしスコープ範囲の問題は，これを仮に文法化進捗度の指標とするならば，単方向仮説に真っ向から挑むことになるのである．

では，談話標識の発達は文法化の例ではなく，別タイプの意味変化なのだろうか．この点について，談話標識の発達を扱う先行研究がどのように考えてきたのか，5.4 節で具体例とともに見てみよう．

◆ 5.4 談話標識の発達をめぐる二つの立場

談話標識の発達を文法化とみなすか否かは結局，「文法」（grammar）の捉え方に関わってくる（Degand and Evers-Vermeul 2015）．談話語用論的現象は文法には入らないとするならば，談話標識の発達は文法化の例とはならない．逆に，談話語用論的現象を文法の一部と考えるならば，談話標識の発達は当然，文法化の例となる．本節でそれぞれの立場を見ておこう．

5.4.1　立場1：談話標識の発達は文法化の例である

この立場は，「文法化が進むとスコープの拡大が起こることもある」と考え，談話標識の発達を文法化の事例（あるいは，少なくとも文法化の周辺的な事例）とする．この立場の先行研究としては，Brinton（2008）やTraugott（1995），Suzuki（1998），Onodera（2011），Degand and Evers-Vermeul（2015）など，多数あげられる．

Traugott（1995）は英語談話標識 indeed の発達を分析している．indeed の deed はもともと，'doing, act(tion)' という語彙的意味を持っていた．実際，初期の例（6）では，dede（＞deed）は本来の語彙的意味で現れている．なお，本章の例文における下線強調は基本的に筆者によるものである（indeed に関する関連性理論による説明は3章3.1.1項a参照）．

(6) nis　　　 hare　　 nan　　　 þe　　ne　…　gulteð　ilome　oðer　i
　　 NEG: is　they: GEN　NEG: one　that　not　…　sins　much　either　in
　　 fol　　　semblant　oder　<u>in vuel dede</u>
　　 foolish　display　　or　　in evil deed
　　 'there is none of them that does not … sin greatly either in foolish display or evil action'
　　　　　　　　　　　　　　　　　　　　（c.1225 Sawles Warde, p.167 [HC]; Traugott 1995: 7）

'in action' が 'in actuality, certainly' という含意を招き，さらにこの含意が因習化されて，認識的意味（epistemic modal meaning）が in dede（＞indeed）の語義の一部となる．この用法は，何らかの対比性（(7)では opinion 対 actuality）が感じられるコンテクストでの使用が多いという（Traugott 1995: 8）．

(7) ofte　　in　storial　　 mateer　 scripture　rehersith　the　 comune
　　 often　in　historical　matters　scripture　repeats　　the　 common
　　 opynyoun　of　men,　and　affirmeth　not,　that　it　was　so　<u>in dede</u>
　　 opinion　　of　men,　and　affirms　　not,　that　it　was　so　in fact
　　 'often where matters of history are concerned, scripture repeats men's common opinion, but does not affirm that it was so in actuality [rather than opinion]'
　　　　　　　　　　　　　　　　　（c.1388 Purvey Wycliffe Prol I, 56 [HC]. Traugott 1995: 8）

初期近代英語（early Modern English）が始まる頃には，認識的意味の indeed のスコープ範囲は節から文へ広がった．この文副詞的用法は，初めは(8)のように but や though と共起していたが，後には単独で反意（adversative）機能での使用が可能になった（Traugott 1995: 8-9）．

(8) somtyme purposely suffring [allowing] the more noble children to vainquysshe, and, as it were, gyuying to them place and soueraintie, thoughe in dede the inferiour chyldren haue more lernyng.
(1531 Governor, p.21 [HC]; Traugott 1995: 9)

Traugott（1995: 9）によると，indeed の談話標識機能は 17 世紀には登場した．談話標識としての indeed は，「ある命題に対して聞き手が疑義を抱いていると話し手が認識し，その疑義に命題の真実性を対比させる」という機能や，「前のコンテクストでの発話内容に比して，さらに詳しく述べる」という機能を担い，さまざまな談話領域上の対比性をカバーできるようになる．Traugott（1995）は(9)を談話標識の indeed 例としている．

(9) any a one that is not well, comes farre and neere in hope to be made well: indeed I did heare that it had done much good, and that it hath a rare operation to expell or kill diuers maladies
(1630 PennilessPilgrimage, p. 131.C1 [HC]; Traugott 1995: 9)

このように，indeed の一連の発達は節単位，文単位，そして談話単位へというスコープの拡大を伴っており，Lehmann（2002）の提唱した「構造的スコープの縮小」と相反する．それにもかかわらず，Traugott（1995）がこれを文法化の例とするのは，話し手の心的態度を表したり談話の特定部分を焦点化したりという談話語用論的機能を「文法」の一部とみなすからにほかならない．(10)にあげる引用は，Traugott のこの見解をよく反映している．

(10) "Different parts of the grammar have different purposes. Attitude markers and focalizers typically do different work than case and tense markers."

(Traugott 1997: 16)

indeed の発達は実際, 文法化によく見られる特徴を複数備えている (Traugott 1995: 13-14). まず, indeed の deed は 'action' という語彙的意味を有する名詞だったのが, indeed 中ではその語彙的意味はもはや失われている (意味的完全性の欠落あるいは意味の希薄化). さらに, indeed 中では deed は複数形にもならないし, 冠詞類もつけられないという点で, 語彙的名詞としての性質を喪失している (脱範疇化). 次に, スペリング上, in と deed の間にスペースを入れずに indeed と綴られることからも分かるように, 語と語の接着融合が起こっている. また, 発音も /ndid/ と縮約され, 音韻的縮小現象が見られる. これらはすべて, 文法化でよく見られるとされる事象である.

5.4.2 立場 2：談話標識の発達は語用論化の例である

この立場では, 談話標識の発達は文法化の例ではなく, 語用論化の例とみなされる. この立場をとる先行研究には, Erman and Kotsinas (1993) や Claridge (2013) がある.

Erman and Kotsinas (1993: 79) では, 語用論的機能を持つ談話標識は, その節や文レベルを超えた機能ゆえに, 文法化とは別のプロセスである「語用論化」(pragmaticalization) の産物とみなすべきだという主張が展開されている.

Aijmer (1997: 3) は, 語用論化と文法化を区別する基準として, 真偽条件に関わる (truth-conditional) ものか否かという考え方を提案している (cf. (5a)). Aijmer の考えでは, 真偽条件に関わらない要素は文中ではオプショナルな存在であり, 語用論的要素である. 一方, 真偽条件に関わる要素は文中では不可欠な存在であり, 語用論的要素ではなく, 文法化の産物ということになる. 談話標識は真偽条件に関わらないオプショナルな存在なので, Aijmer (1997) の枠組みでは, 語用論的要素ではあっても, 文法化の結果ではないということになる.

Claridge (2013) では, 談話標識 (Claridge の用語では「語用論的標識」(pragmatic marker)) としての if you like の発達が分析されている. 談話標識としての if you like は, 条件節用法とは異なる働きを持つ. 現代アメリカ英語コーパス (Davies 2008-) から採取した具体例を見てみよう.

(11) a. You can open a window <u>if you like</u>.
　　 b. A: (…) [T]he predominate view in my party is, we should be in Europe, but not taken over by Europe. Now, that is what we seek to attain.
　　　 B: In, but not taken over.
　　　 A: "In Europe, but not run by Europe" has always been my mantra, <u>if you like</u>, has always been the course that I and my party have followed.
　　 (PBS_NewHour 2011, *The Corpus of Contemporary American English,* http://corpus.byu.edu/coca/[COCA (SPOK)]〈アクセス：2016/3/15〉一部表記変更)

(11a)は「窓を開けたいのなら，開けてもよい」という発話であり，if you like は条件節である．一方，(11b)の if you like は単なる条件節ではない．この if you like は，その直前の名詞 mantra にメタ言語的焦点を当てる働きをしている．すなわち，このコンテクストで mantra という語を使用することの適切性に聞き手の関心を向けるのであって，命題内容的な意味を表すわけではない．談話標識としての if you like は，ある語句使用の適切性に対する話し手の心的態度を示唆し，また聞き手の注意を引きつけるという点で対人的なので，その発達は Traugott and Dasher (2002) の言うところの「（間）主観化 ((inter) subjectification)」の例とみなしてよい．Claridge (2013) の調査によれば，談話標識 if you like の OED における初例は，19世紀後半である．

(12) They were placed in churches by simple faith, or credulity <u>if you like</u>, but not by willful fraud.
　　 (1875 T.E. Bridgett *Our Lady's Dowry* ii. xi. 336, s.v. *like* v.1, 6b; Claridge 2013: 163)

この表現の源となったのは，(13)のような例ではないかと Claridge は言う (p.173)．

(13) a. "Certainly," said the President; "for keeping — or <u>if you like the term better</u> — for having a disorderly room;"
　　　　　　(COHA, Master William Mitten, 1864 (Claridge 2013: 173))
　　 b. What are the features which you find distinctive of arsenical poisoning? —

There are two important characteristics — post-mortem characteristics — of arsenical poisoning. The first is redness, more or less, over the entire stomach. [$The Judge$] — Do you mean under the skin? — Yes, my lord. Internally I am speaking of. <u>Call it sub-mucous if you like.</u>

(CONCE t3trimay, Claridge 2013: 173)

(13a)では，like の後ろに the term という名詞句が明示的に現れている．この定冠詞つき名詞句は別の言語表現を言い換えるものであり，メタ言語的である．一方，(13b)では like の後ろには何も語句が現れていないが，この位置にあってしかるべきものは(13a)の場合と同じようなメタ言語的表現か，あるいは if 句直前の動詞句 (to)call sub-mucous であろう．ここでは省略されてもコンテクスト上復元可能なので，非明示なままにされたと考えられる．(13)で注目すべきは，like の後ろにくる（はずだった）ものは「メタ言語的ラベリング」あるいは「発話動詞句」だということである．このようなメタ言語的要素の存在は，if you like の談話標識機能が発達するうえで重要な役割を果たした．また，この手のメタ言語的表現は普通，コンテクストから復元可能なので，省略されがちである．コンテクストから復元可能な部分は非明示のままにされることが，if you like の談話標識化を助けたと Claridge（2013）は述べる．

　さて，問題は，この if you like の変化が文法化の例なのか，あるいは文法化とは区別される語用論化というプロセスの例なのかという点である．If you like の発達には，意味的完全性の欠落（動詞 like が持っていた 'pleasing' という意味は，談話標識用法ではもはや希薄化している）や分岐（if you like は談話標識用法とは別に，条件節としての用法でも存続している），保持（if you like の you はもともと聞き手に言及するので，談話標識として発達する際にも間主観的意味を帯びやすかったと考えられる）といった，文法化でよく見られるとされる特徴が認められる．しかし Claridge（2013: 180）は，これらの特徴は文法化を決定づける特徴ではないと主張する．Claridge に言わせれば，if you like の談話標識用法の発達は，文法化ではなく，語用論化であるという．

　If you like の談話標識用法の発達を語用論化と考える理由を，Claridge は 4 点あげている．まず，if you like は談話標識としては "the word or expression referred to might be a less than usual or perfect choice or have some interesting peculiarities that need highlighting" というような，メタコミュニケーション的意味を発達させている．メタ言語的意味は文法の領域ではなく，語用論領域の問題とするなら，談話標識としての if you like の発達も当然，「文法化」ではなくなる．これが Claridge があげる第1の理由である．

第2, 第3, 第4の理由についても，第1の理由と同種の議論展開がなされる．第2の理由は，(間)主観化の問題である．すでに述べたように，談話標識 if you like は，ある語句使用の適切性に対する話し手の心的態度を示唆し，聞き手の注意を引きつける機能を持つ．これは明らかに（間）主観化の例である．Claridge (2013: 179-180) は，話し手の意図する意味や聞き手の推論が主要な役割を果たすのは語用論の領域なので，(間) 主観化の問題は文法化ではなく，語用論化として扱うべきだと主張する．第3の理由には，グライス (Grice) の公理が引き合いに出されている．談話標識 if you like は，グライスの公理に違反する不適切な言い方を補正する効果を持つ．これは語用論で扱うべき事柄だと Claridge は主張する．第4の理由は，Aijmer (1997) と同じく，談話標識は文構造に統合されないオプショナルな要素なので，文法の範疇ではなく，語用論の範疇で扱うべきだというものである．

このように，談話標識の発達は文法化ではなく語用論化だとする立場は，文法の領域に語用論的要素を入れるべきではないという考えに立脚している．

◆5.5 スコープの拡大と文法化

前節では談話標識の発達をめぐる二つの立場を見たが，本章ではこの二つの立場のうち，立場1（「談話標識の発達は文法化の例である」）を支持する．その理由は用法基盤モデル (Usage-based Model (Langacker 1987)) の考え方に起因する．認知言語学の基本的概の一つである使用依拠モデルでは，抽象的な言語生成のための規則・原理体系が言語システムとしてまず存在し，そこから具体的な言語表現が生み出されるとは考えない．むしろ，具体的な言語表現の使用がまず存在し，それらの具体例をスキーマ化することで得られるものの集合体が文法であると考える．具体的な言語使用には無論，話し手の心的態度表明や話し手-聞

き手の相互作用に関する方策も含まれる．使用依拠モデルを採用するのであれば，語用論を文法から追い出すのは不自然である．

だが，談話標識の発達を文法化の例とすると，スコープの拡大と単方向性仮説との矛盾を何とかしなければならない．英語 indeed の発達（Traugott 1995）で見たように，談話標識が発達する際にはスコープ範囲の拡大が観察される場合が多い．一方で，5.2 節で見たように，文法化の進捗度を測る指標の一つとして Lehmann（2002）は，「構造的スコープの狭隘化」をあげる．談話標識の発達を文法化とするのであれば，スコープの拡大は単方向仮説の反例とするしかないのだろうか．以下で考えてみよう．

5.5.1 単方向仮説の反例

実は文法化の単方向仮説には，スコープの拡大以外にも，「反例」がしばしば報告されてきた．Campbell（2001）は，文法的項目が語彙的項目に変化したように見えるケースを単方向仮説の反例の一つとしている．たとえば(14)のように，英語 down が「前置詞＞動詞(14a)・形容詞(14b)」という変化を経て，語彙的項目になっているように見えるケースがこれに当たる．

(14) a. Waves grew fierce, streets flooded and the winds <u>downed</u> trees.
b. Even in a <u>down</u> economy that we've had, storm chasing industry actually has continued to grow.
（CBS_NewsEve 2012, *The Corpus of Contemporary American English*, http://corpus.byu.edu/coca/［COCA（SPOK）］〈アクセス：2016/3/15〉）

この「反例」に対し，Hopper and Traugott（2003: 134）は，これらを語彙化（lexicalization）の例とし，文法化とは異なる語形成プロセスの一種なので，文法化理論における単方向仮説の有効な反例にはならないと退けている．筆者にも，Hopper らのこの反論はもっともに思われる．

Campbell（2001: 132-133）は，「文法化研究では単方向性（unidirectionality）という概念があまりに用いられすぎている」と批判する．しかしこの批判こそが，プロトタイプ的な定義に頼らざるをえない「文法化」というプロセスの性質をよく表していると言えよう．たとえば意味・語用論的には「指示対象性の低下」

(more referential＞less referential meaning），音韻論的には「音の弱化」，統計論的には「使用頻度の上昇」（Bybee et al. 1994），統語構造的には「談話＞統語＞形態」（discourse＞syntax＞morphology）といった具合であり，これだけ多種多用の単方向的経路が提案されると，各変化経路は他の変化経路とどのように相互作用するのかという問題が生じてくる．また，従来提案されてきた単方向的経路を少し別の角度から見てみると，別の面が見えてくることも十分ありうるし，むしろ，その新たに見えてきた面こそが文法化をより的確に特徴づけるものだったということもありそうだ（cf. Narrog 2012: 100）．

単方向仮説の「反例」を従来とは異なる視点で分析した例としては，英語属格屈折語尾 -s の脱屈折語尾化（deinflectionalization）の研究があげられる（Trousdale and Norde 2013, Traugott and Trousdale 2013）．具体例を見てみよう．Jespersen（1894: 317-318）によると，属格語尾 -s は意外に独立度が高く，(15)が示すように，else のような形容詞（ただし Jespersen 1894 および Campbell 2001 はこの else を「副詞」としている）や関係節内の右端の要素に付けて使用されることがある．

(15) a. someone else's hat　　　　　　　　　　　　　　（Jespersen 1894: 318）
　　　b. the man I saw yesterday's car　　　　　　　　　（Campbell 2001: 127）

文法化に懐疑的な立場をとる Campbell（2001: 140）は，英語属格語尾 -s が「屈折接辞（inflectional affix）＞接語（clitic）」というシフトを経て自立度を高めているように見えるこの例を，単方向仮説の反例とした．確かに(15)を見る限り，属格語尾 -s だったものは，ここでは屈折語尾ではなく，ある程度独立した接語になっているように見える．これに対して Hopper and Traugott（2003: 136）は，接語になっているとしても意味機能的に見れば属格屈折語尾と大した差はないという理屈で，単方向仮説の擁護を試みている．一方，Trousdale and Norde（2013: 40-42）は，(15)のような -s の存在は実際のところ，新たな文法機能，すなわち限定詞（determiner）機能への拡大を示していると説明する．限定詞としての -s 句は，定冠詞 the や不定冠詞 a(n) と同じように，名詞（句）が指しうるものの範囲を縮め，指示対象が聞き手により同定されるのを助ける．たとえば(15a)では，

someone else's が被修飾名詞 hat が指しうる指示物（referent）の範囲を縮めあげるという文法的機能を担うことになる．したがって，属格屈折語尾 -s の発達では，限定詞機能への拡大が見られるというわけだが，5.5.2 項では，「拡大」(expansion) という概念と文法化の関係について考えてみよう．

5.5.2 文法化と拡大

文法化に見られる拡大としては，Himmelmann (2004: 31-32) が(16)の三つのタイプを提案している．

(16) a. 受容クラス拡大（host-class expansion）
　　 b. 統語的拡大（syntactic expansion）
　　 c. 意味的・語用論的拡大（semantic-pragmatic expansion）

(16a)の受容クラス拡大とは，文法化が進んで，その文法化項目と共起する品詞の語種類が増える現象を指す．Himmelmann (2014: 32) は，指示詞（demonstrative）から定冠詞への文法化（cf. Diessel 2006: 476-481）を例にあげている．指示詞は普通，sun（太陽），sky（空）など，世界に一つしか事例がないモノを指す名詞とは共起できない．一方，定冠詞はこれらの名詞とも使用可能である．したがって，指示詞から定冠詞へと文法化が進むと，共起できる名詞の種類が増えていくことになる．

次に(16b)の統語的拡大とは，文法化が進むと，その文法化項目が以前には現れえなかった統語的位置でも使用可能となる現象を指す．たとえば，文法化がさほど進んでいない段階の冠詞は，典型的には主語や目的語といったコアな項（core argument）が現れる位置にある名詞に使用が限定されることが多いが，文法化が進むと，その他の位置に現れる名詞に対しても使用されるようになる（Himmelmann 2004: 32）．

(16c)の「意味的・語用論的拡大」とは，文法化を受ける要素の機能が広がり，使用されうる意味的・語用論的状況が拡大する現象を指す．Himmelmann (2004: 32-33) は，文法化が進んで指示詞から定冠詞になると，関連的前方照応用法（associative anaphoric uses，たとえば先行コンテクストに a wedding という語があ

れば，the bride という定冠詞つきの名詞が使用される用法）が可能になる現象を，このタイプの拡大例としてあげている．ランダムな方向へ機能変化するわけではなく，文法的機能を獲得する方向へと拡大する点に注意されたい．

ここで，先述の英語属格 -s の発達を Himmelman（2004）の拡大タイプの観点から再考しよう．まず，以前はつくことのできなかった形容詞や関係節の右端要素につき（(15)を参照），「名詞$_1$＋後置修飾部 's＋名詞$_2$」という構造が可能になった点で，-s は受容クラス拡大を経るとともに，統語的拡大も経ている．さらに，「指示対象となる可能性のあるものの集合体の範囲を縮み上げる」という限定詞機能を獲得した点で，意味的・語用論的拡大の例にもなっていることが分かる．

5.5.3　then の談話標識用法と拡大

次に，談話標識によく見られるスコープの拡大を Himmelmann（2004）の拡大タイプの観点から検討してみよう．ここでは英語 then の談話標識機能（Haselow 2011）を取り上げる．(17)の then は，if で始まる条件節を受け，それを後続節につなぐオプショナルな結合詞（conjunct）として機能している．ところが(18)では，(17)の条件節に当たるものは then つき文内には明示的に現れていない．

(17)　If you like him, (then) call him.
(18)　A: I like him.
　　　B: Call him, then.　　　　　　　　　　　　　　　　（Haselow 2011: 3607）

(18)の場合，条件節に当たるものは，話し手と聞き手が共有する発話の背景的知識に基づき，先行談話から遡及的に導き出される．すなわち，(18)の then は同じ文単位内に存在する命題を受けるのではなく，文を超えた範囲にまでその接続相手を求めることになる．これはスコープの拡大に当たる．また，Haselow（2011: 3610）によると，(18)のような発話終止位置の then は，「先行談話から遡及的に導き出される条件が成り立つ場合，当然帰結すると思われる事態」と，「発話時点で成立している現実の事態」との間にズレが生じているとの話し手の判断を表すという．(18)で言えば，「彼が好き」であるなら，当然，「彼に電話する」という事態の成立が予測されるのにもかかわらず，そのような事態がまだ実現していないと

の話し手の認識を then が表していることになる．このような then の用法は，コミュニケーションという談話の場そのものに基づいた解釈を要求するので，談話標識として扱うのがよいと Haselow（2011: 3604）は述べる．

　Haselow（2011）はさらに，発話終止位置の then は，法的不変化詞（modal particle）に近い意味機能も持つと主張する．法的不変化詞用法の英語 then は，(18)で見た談話標識用法の then と似ているが，条件節に当たるものが先行コンテクスト中にすら明示的に現れないという特徴がある．Haselow（2011）があげる具体例を見てみよう．

(19)　165　B: I'll have a look and see what they've got (.)
　　　166　A: but uhm
　　　167　B: so what did you do today then
　　　168　A: today (.)
　　　169　　　I went (-) I watched the grand prix (.)　　　（Haselow 2011: 3613）

(19)では，二人の話し手たちはもともと「マークス＆スペンサーの野菜グリル」について話していたのだが，話し手Bが話し手Aに「今日は何をしたの」と質問することで（(19)の167行目），会話の途中でトピックを変えているように見える．このようなケースでは，発話終止位置の then は，先行する談話のいかなる明示的表示部分にも接続されない．この then がリンクするのは，先行談話中で明示的に表示される命題ではなく，含意される命題（implied proposition）なのである．(19)では，「話し手Aは今日何をしていたのだろうか」という疑問が話し手Bの胸中に生まれ，その答えを知りたいという思いが頭をもたげつつあるのに，問題となっている会話時点で，話し手Aがその疑問に答えるという事態が未成立の状況で then が使われている．このような then は一見，トピック転換（topical shift）機能を果たすように見えるが，先行談話とまったく無関係なトピックを持ち出すことで会話の流れを断ち切るわけではない．先行文脈中ですでに明らかにされていてもよいのに，実際にはまだ明らかにされていない事項が存在すると話し手が認識していることを表すのである（Haselow 2011: 3614）．

　このように，then のスコープ範囲は節から先行発話文へ広がり，さらには話し手の心的態度や話し手と聞き手の相互作用を含む談話状況へと拡大するわけだ

5.5 スコープの拡大と文法化

が，これを，Himmelmann (2004) の三つの拡大タイプで説明してみよう．まず，then は，最初は先行する同じ文内に明示的に現れる if 節内の命題を受けるものだったのが，文単位を超えた先行文脈中に明示的に存在する命題先行コンテクストも受けるようになり，さらには含意されるだけの命題とも結びつくようになる．このように，then はリンクされうる命題種類を増やしており，これは受容クラス拡大の例と言えよう．同時にこれは，統語的拡大の例でもある．すなわち，then は同じ文中に受けるべき節要素が明示的に存在する統語的環境での使用から出発し，最終的には明示的先行コンテクスト中に受けてつなぐべきものが存在していないように見える環境にまで使用可能状況を広げている．さらに，この統語的使用可能状況の拡大に伴い，意味的・語用論的にも変化を遂げ，「節と節をつなぐ機能」から「話し手の心的態度表出機能」・「話し手と聞き手の間で行われる相互的談話調整機能」という具合に，新たな文法的機能を獲得する方向へ拡大している．これは意味的・語用論的拡大の例である．それでいてしかも，(19)のようなトピック転換用法の then ですら，先行談話とまったく無関係なトピックを持ち出すわけではないという点で，発達を遂げてもなお，もとから持っていた「つなぐ機能」の残滓が感じられる．これは Hopper (1991) のいうところの保持 (persistence) の例である．

このように，スコープ範囲の拡大から少し見方を変え，別の「拡大」概念から談話標識の発達を眺めてみると，また異なった風景が見えてくるものだ．ここで見た新たな拡大タイプに基づけば，談話標識の発達プロセスには，文法化に見られる特徴が十分に備わっているように思われる．

まとめ

本章では対話表現として談話標識をとりあげ，その発達と文法化の関係について論じた．書き言葉にせよ話し言葉にせよ，コミュニケーションの場では「書き手・話し手」と「読み手・聞き手」間の相互作用がつきものである．ならば，談話標識の発達のように，(間)主観性の強化に関わる文法化の例があるのも不思議ではない．「文単位を超えた文法」という概念は，談話標識をはじめとする，さまざまな対話表現の発達の解明に，これからも大きく貢献していくであろう．

より深く勉強したい人のために

- Laurel J. Brinton (2008) *The Comment Clause in English: Syntactic Origins and Pragmatic Development*, Cambridge University Press.

  第1章～第3章で，談話標識（ただし Brinton の用語では pragmatic marker）の発達についての研究史が概観されている．また，第4章，第5章では，I mean や what's more などの英語談話標識機能の発達プロセスが詳細に論じられている．

- Bernd Heine (2013) "On Discourse Markers: Grammaticalization, Pragmaticalization, or Something Else?" *Linguistics* 51: 1205-1247.

  本章4節では紙幅の都合上，触れることができなかったが，「文法化・語用論化のいずれも談話標識の発達を捉えきれない」とする立場もある．文法化研究で知られる Bernd Heine はこの立場をとり，談話文法（Discourse Grammar）の枠組みで談話標識の発達を説明しようとしている．それには「取り込み」(cooptation) という操作が関わり，単方向仮説の縛りも受けないと主張されている．

- Heiko Narrog (2012) *Modality, Subjectivity, and Semantic Change: A Cross-linguistic Perspective*, Oxford University Perspective.

  法性（modality）の意味変化を通言語的視点から分析している．意味は，一般的に言って，より発話行為の場に根ざした方向へ，より広いスコープをとる方向へ変化するという主張は，本章で扱った談話標識の発達にも当てはまる．日本語のデータが豊富に使われている点も特筆に値する．

文献

秋元実治・前田満（編著）(2013)『文法化と構文化（ひつじ研究叢書（言語編）104）』ひつじ書房．
金杉高雄・岡智之・米倉よう子 (2013)『認知歴史言語学（認知日本語学講座7）』くろしお出版．
Aijmer, Karin (1997) "I Think — An English Modal Particle," in Toril Swan and Olaf J. Westvik (eds.) *Modality in Germanic Languages*, Berlin: Mouton de Gruyter, 1-47.
Brinton, Laurel J. (2008) *The Comment Clause in English: Syntactic Origins and Pragmatic Development*, Cambridge: Cambridge University Press.
Bybee, Joan L., Revere Perkins and William Pagliuca (1994) *The Evolution of Grammar: Tense, Aspect and Modality in the Languages of the World*, Chicago: The University of Chicago Press.
Campbell, Lyle (2001) "What's Wrong with Grammaticalization?" *Language Science* 23: 113-161.
Claridge, Claudia (2013) "The Evolution of Three Pragmatic Markers: *As It Were, So To Speak/Say* and *If You Like*," *Journal of Historical Pragmatics* 14: 161-184.
Davies, Mark (2008-) *The Corpus of Contemporary American English: 1990-present*.

Available online at: http://corpus.byu.edu/coca/. [COCA]

Degand, Liesbeth and Jacqueline Evers-Vermeul (2015) "Grammaticalization or Pragmaticalization of Discourse Markers?" *Journal of Historical Pragmatics* 16: 59-85.

Dér, Csilla Ilona (2010) "On the Status of Discourse Markers," *Acta Linguistica Hungarica* 57: 3-28.

Diessel, Holger (2006) "Demonstratives, Joint Attention, and the Emergence of Grammar," *Cognitive Linguistics* 17: 463-489.

Erman, Britt and Ulla-Britt Kotsinas (1993) "Pragmaticalization: The Case of *ba* and *you know*," *Studier i Modern Språkvetenskap* 10: 76-93.

Fraser, Bruce (1990) "An Approach to Discourse Markers," *Journal of Pragmatics* 14: 383-398.

Givón, Talmy (1979) *On Understanding Grammar*, New York: Academic Press.

Haselow, Alexander (2011) "Discourse Marker and Modal Particle: The Functions of Utterance-final *Then* in Spoken English," *Journal of Pragmatics* 43: 3603-3623.

Heine, Bernd (2013) "On Discourse Markers: Grammaticalization, Pragmaticalization, or Something Else?" *Linguistics* 51: 1205-1247.

Heine, Bernd and Tania Kuteva (2002) *World Lexicon of Grammaticalization*, Cambridge: Cambridge University Press.

Heine, Bernd, Ulrike Claudi and Friederike Hünnemeyer (1991) *Grammaticalization: A Conceptual Framework*, Chicago: University of Chicago Press.

Himmelmann, Nikolaus P. (2004) "Lexicalization and Grammaticization: Opposite or Orthogonal?" in Walter Bisang, Nikolaus P. Himmelmann and Björn Wiemer (eds.) *What Makes Grammaticalization?: A Look from its Fringes and its Components*, Berlin and New York: Mouton de Gruyter, 21-42.

Hopper, Paul J. (1991) "On Some Principles of Grammaticalization," in Elizabeth Closs Traugott and Bernd Heine (eds.) *Approaches to Grammaticalization*, Vol.1, Amsterdam: John Benjamins, 17-36.

Hopper, Paul J. and Elizabeth Closs Traugott (2003) *Grammaticalization*, Second Edition, Cambridge: Cambridge University Press.

Jespersen, Otto (1894) *Progress in Language: With Special Reference to English*, London: Swan Sonnenschein.

Langacker, Ronald (1987) *Foundations of Cognitive Grammar, Vol.1: Theoretical Prerequisites*, Stanford: Stanford University Press.

Lehman, Christian (2002) *Thoughts on Grammaticalization: A Progmmatic Sketch*, Second Edition, rev. [Arbeitspapiere des Seminars für Sprachwissenschaft der Universität Erfurt 9], Erfurt: University of Erfurt.

Loureiro-Porto, Lucía (2012) "On the Relationship between Subjectification, Grammaticalisation and Constructions," *Journal of Historical Pragmatics* 13: 232-258.

Narrog, Heiko (2012) *Modality, Subjectivity, and Semantic Change: A Cross-linguistic Perspective*, Oxford: Oxford University Press.

Onodera, Noriko O. (2011) "The Grammaticalization of Discourse Markers," in Heiko Narrog and Bernd Heine (eds.) *The Oxford Handbook of Grammaticalization*, Oxford: Oxford University Press, 614-624.

Suzuki, Ryoko (1998) "From a Lexical Noun to an Utterance-final Pragmatic Particle: *Wake*," in Toshio Ohori (ed.) *Studies in Japanese Grammaticalization: Cognitive and Discourse Perspectives*, Tokyo: Kurosio, 67-92.

Traugott, Elizabeth Closs (1989) "On the Rise of Epistemic Meanings in English: An Example of Subjectification in Semantic Change," *Language* 65: 31-55.

Traugott, Elizabeth Closs (1995) "The Role of the Development of Discourse Markers in a Theory of Grammaticalization," Paper presented at the ICHL XII, Manchester. Version of 11/97. Available online at: http://stanford.edu/~traugott/papers/discourse.pdf

Traugott, Elizabeth Closs and Graeme Trousdale (2013) *Constructionalization and Constructional Changes*, Oxford: Oxford University Press.

Traugott, Elizabeth Closs and Richard B. Dasher (2002) *Regularity in Semantic Change*, Cambridge: Cambridge University Press.

Trousdale, Graeme and Muriel Norde (2013) "Degrammaticalization and Constructionalization: Two Case Studies," *Language Sciences* 36: 32-46.

第6章 対話表現と若者言葉

尾谷昌則

◆ 6.1 法表現と垣根言葉

　この章では，対話コミュニケーションに関係が深いと思われる若者言葉をいくつか紹介する．まずはモダリティ表現を中心に見ていくが，日本語のモダリティは大きく2種類に大別される．第1章でも見た may（〜かもしれない）や must（〜はずだ／にちがいない）などは，ある事象の事実性・蓋然性について，話し手の心的態度（たとえば認識や判断）を表すものであり，一般的に「言表事態めあてのモダリティ」（仁田 1989: 2），もしくは「対事的モダリティ」（庵 2001: 73）と呼ばれる．一方，聞き手に対して命令したり，依頼したり，確認を要求したりという具合に，聞き手に対する話し手の心的態度を表すものは「発話・伝達めあてのモダリティ」（仁田 1989: 2），もしくは「対人的モダリティ」（庵 2001: 73）と呼ばれる．

　さて，まずは対事的モダリティ表現について見ていくことにしよう．たとえば，推量を表す「かもしれない」はその典型であるが，近年では単純な推量とは言いがたい用法で若者が使用している．

(1) （Bがうどんを食べている）
　　A: そのうどん，美味しい？
　　B: うん，美味しいよ．でも京都出身のAにはちょっと濃い<u>かも</u>．
(2) （AとBがカフェでケーキを食べている）
　　A: そのケーキ，美味しい？
　　B: 美味しい<u>かも</u>〜！
　　A: ほんと？　じゃ一口ちょうだい．

（ケーキを食べる）　べつに，フツーじゃん！
(3)　（AとBがカフェでケーキを食べている）
　　B: このケーキ，美味しいかも〜！

　食べているものの味を尋ねられた(1)のような場面では，自分が美味しいと思えば「美味しい」と断言しても構わない．しかし，たとえば，相手が薄味を好む京都の出身であることを知っていれば，相手がこれを食べたらどう感じるだろうかと先回りして考え，(1)のように「濃いかも（しれない）」という推量の発話を行っても不思議ではない．仮に前者を〈自分視点〉による発話と呼ぶなら，後者は〈相手視点〉による発話と言えよう．他人の思考を完全に把握することは不可能であるため，そのような場合に推量表現を使用するのは至極当然のことである．
　一方で，(2)ではそのような特殊な事情がないにもかかわらず，同様に推量の「かも」を用いている．相手からの質問に対して返答する場面であるため，自分が返答した後に，「あ，そう．ところで，昨日のテレビでさぁ……」などと急に話題を替えられることなど想像するはずもなく，むしろ，「ほんと？じゃあ一口ちょうだい」くらいの言葉が返ってくることは容易に想像できる．しかし，その後で「べつに，フツーじゃん」や「たいして美味しくない」などと言われてしまえば，自分のフェイス（ブラウン＆レヴィンソン1987）を侵害される危険性がある．そこで，相手との意見の不一致が表面化するリスクを避けたいとの意識が働き，自分の意見を断言せずに，「美味しいかも」という推量表現を用いたと考えられる．このように，自分の発言内容に対する責任が強くないことを表すものを垣根言葉（hedge）というが，伝達すべき情報を曖昧にして表現するため，一般的には「ぼかし言葉」とも呼ばれている．
　(2)は間主観性（Traugott 2003: 128）の観点から見てもおもしろい．相手の判断を想像・推量しながら返答しているという点では，(1)と(2)は同じであるが，自分の味覚について述べる，つまり〈自己視点〉で断言してもよいところで，〈他者視点〉を混ぜているため，「話し手（書き手）が，聞き手（読み手）の「自己」へ向けた注意が明確に表現されていること」（小野寺2011: 32）という間主観性が反映された表現となっている．
　さらに，近年では(3)のように対話の第一声で「美味しいかも〜！」と発言する

事例が若者を中心に見られる．相手からの質問に対して返答するわけではなく，自らが先行発話を行っているのであるが，聞き手との不一致をなるべく回避し，自己の判断を聞き手と緩やかに共有しようという意図を，その中に最初から埋め込んでいるのである．その点において，(3)は(2)よりもさらに間主観性の高い用法と言えそうだが，対話の第一声から使用されているという点では脱コンテクスト化（de-contextualization）しつつあるとも言えよう．

断定回避の表現としては他にも「って感じ」「かな」「みたいな」などがある．次例はどれくらいの気温で暑く（寒く）感じるかについて話し合っている場面であるが，二人の意見が食い違っているので，自分のフェイスを守りつつ発話責任を回避する「みたいな」（佐竹1995, メイナード2004）が頻繁に用いられている．断定回避の用法であるため，「みたいな」を削除しても対話は成立するが，断定してしまうと，相手との不一致が際立ってしまう危険性があるため，「のりしろ」のような部分を作って相手との一致点を増やそうとしているのである．

(4) （暑さについて話している．F112は10代後半，F134は20代前半）
　　F134：結構30度超えたら，結構あったかく感じるよね．暑く感じるよね．（死ぬ）死なない，死なない．死なない，死なないけど．（うん）ちょっとは暑い．夏っぽいかなーみたいな．
　　F112：ええー．や，適温は，25, 6度．
　　F134：25, うん，適温だよね．
　　F112：適温，っていうか，それでもうちらは，（マイナス？〈笑い〉）ちょっと暑いかなあみたいな．あ，ちょっとじとっとしてるわっていう．
　　F134：うん．よ，なんかすっごい言われるもん．なんか．暑い暑いって言うしー．（うん）なんか半袖とか着てるけど，絶対暑くないしーと思う．
　　F112：えー暑いよ．
　　F134：半袖なんか着れないよーとか思うけど．（そうだね）そう．
　　F112：今日も1枚，（普通に）普通に羽織ってるよね．
　　F134：普通に着てるし．なんか，全然，今日，雨降ってるから寒いしー，みたいな．
　　F112：うーん，え，今日寒くない，ちょうどいい．
　　F134：ちょっとジメジメしてるけどー，（うん）雲があるからあったかいかなーみたいな．　　　　　　　　　　（「名大会話コーパス」データ125）

このような「みたいな」の使用は意外に古く，松本（2010）によればすでに1950年代から映画監督や俳優らがインタビューや対談などで使用していたが，若者の間に普及したのはお笑い芸人のとんねるずが，1987年に放送が開始された「ねるとん紅鯨団」で盛んに使用したのがきっかけとのことである．つまり，若者言葉としてすでに30年近く使用されていることになるが，平成26年度の『国語に関する世論調査』を見る限りでは，「使用することがある」と回答した人の割合がここ15年で4.5％しか増えておらず，それほど浸透しているとは言えないようである．若者言葉というレッテルを貼られたことで，使用者の拡大が抑制されているためと考えることもできるが，調査に使用されている例文が「とても良かったかな，みたいな…」であり，これは「みたいな」の用法の中でも比較的新しいものであるうえ，肯定的な内容の文であるため，わざわざ断定回避する必要性はないと回答者に判断されたのかもしれない（図6.1）．

本来，「みたいな（みたいだ）」は「～を見たようだ」に由来し，類似性を表す直喩表現として使用される．そのため，他者の心情など断定しきれない事柄に対しては，それに近いものであろうと推測して言う場合に多用される．たとえば次の対話において使用されている①と②の「みたいな」は，「行ったことで安心しちゃう」おねえちゃんの心境を推測して述べていることを表しており，「～みたいな心境である」を略したものと考えてもよい．しかし，③は単に心境を表すものとは言えない．

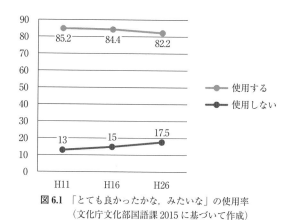

図6.1　「とても良かったかな，みたいな」の使用率
（文化庁文化部国語課2015に基づいて作成）

(5) (3人のOLによる昼食時の雑談，室内，1993年)
　　B：でもおねえちゃんもなんのために今，すいようび，水曜日行ってんのかって
　　　　ゆうことを＃＃＃★自覚が足らない．
　　A：→そそそそそそそそそ．←
　　B：行けば，★いけばいい＃．
　　A：→もう，声を大にして←叫んじゃうよ．その辺で．
　　B：行った，行ったことで安心しちゃうんだよね↑
　　A：そそそそそそ．〈笑い〉鋭い指摘．
　　C：責任を果してる①みたいな．
　　A：そそそそそそ．あー，終ったわ，きょうも．で，ふー，っ②みたいなさ．
　　　　〈笑い・複〉でしょ↑
　　B：でビール，がーん，③みたいな．〈笑い・複〉
　　　　　　　　　　　　　　　　（『女性のことば・職場編』付録の会話データより）

　③の「みたいな」は，単に他者の心境を推測するものではなく，直前にAが述べた「あー，終わったわ，今日も．ふー」という心境に基づいて，おねえちゃんがどのような行動をとるのかBが推測した発話である．このような「みたいな」の使用は，他者の心境を推測する用法から，その心境に基づく行動を推測する用法へとメトニミー的に拡張している．他者の心境やその行動をおもしろく取り上げ，それを楽しむという対話は，「会話のノリ」を重視する若者のコミュニケーション・スタイルが最もよく反映されており，そのために「みたいな」は欠かせない存在になっていると言えよう．

　上例の①〜③は，どれも他者の心情や行動を推測していることを表すものであり，(4) で見たような，自分の心境や判断を断定的に語ることを回避するための「みたいな」とは異なる．断定回避であれば，「みたいな」を削除しても断定表現として成立するが，(5) の「みたいな」はあくまでも類似性を表す用法であり，削除してしまうと対話が成立しなくなる．

　最近では，「〜系」を文末で用いた表現も散見される．たとえば以下のような例であり，北原（2006: 15）では「相手を誘ったり，疑問を投げかける時に文末に付く言葉」と説明されているが，そう単純ではなさそうである．

(6) A：(ごそごそとカバンの中を探している)

B：あ，なに，教科書忘れちゃった系？　　　　　　　　　　　　（北原 2006: 15）

　このような事例では，「系」が疑問文の文末についているため，一見すると対人的モダリティ表現のように思われるかもしれないが，そもそも「系」は，［名詞＋「系」］の形式で，「モード系／ストリート系／原宿系／裏原系／B系」といった若者になじみ深いファッション用語だけでなく，「癒し系／オネエ系／ぽっちゃり系」といった芸能タレントや「シブヤ系／ヴィジュアル系／打ち込み系」のような音楽などの分類名（カテゴリー名）にも使用されており，非常にポピュラーな表現なのである．問題の文末用法も，いきなり［文＋「系」］で出現したのではなく，次のような中間段階を踏んでいるものと思われる．

(7)　A：うん綺麗だったwこういう曲もいいw　恋愛系の曲でハマったのはハッピーシンセサイザと深海少女とかだから
　　　B：良いですよねそのふたつ＾＾　曲聞く時って歌詞は気にしなくてほぼメロディーしか聞いてないんですけど，好きな曲は不思議と恋してる系とか失恋系が多いです(°_°)
　　　　（https://twitter.com/1eiwa_ziten4/status/646353519134420993）

　この対話では「恋愛系の曲」という臨時的なカテゴリーが形成されており，その発話を受けてBがさらにその下位カテゴリーとして「恋してる系」と「失恋系」を提示している．つまり，「系」は何かをカテゴリー化する表現であるという意識に基づいているのである．さらに注目すべきは，名詞ではない「恋してる」に接尾辞「系」を付与している点である．あくまでも対話の流れの中で，臨時的なカテゴリーを示すためにとった臨時的な措置であるが，このような「特定のコンテクストの中で」「臨時的に」という要因が，文法からの逸脱を生み出すきっかけになるのである．(6)の場合も，カバンの中を必死に探す友人の動作を見た話し手が，それを臨時的に「教科書を忘れたためにカバンの中を探しているような動作」にカテゴリー化したことを「系」で表しており，このような用法は，事象に対する話し手の心的態度・判断を表す対事的モダリティの一種と考えられる．
　次のような例では，カテゴリー化を表すという意味合いがさらに背景化しており，より推量モダリティに近い用法になっている．

(8) (授業の単位について，友人に確認している)
　　A：いま言語の単位だけでてる系？？
　　　　アクティブメール見たらええん？
　　B：duet の時間割 😏
　　A：あたし秋学期の時間割まだ作ってないねん…
　　　　そうじゃなきゃわからん感じ？ 😢
　　　　（https://twitter.com/fufu0407/status/637135706813431808）

このような事例は，(7)のような用法をベースにして，おもしろがって拡張使用したものであろうと思われるが，後続発話で「——感じ？」という表現を用いていることから，自分が置かれている状況を手さぐりで推測しながら発話している様子がうかがえる．カテゴリー化とは，ある対象が既存カテゴリーの中のどれに分類されるかを判断することであるが，上例で「言語の単位だけでてる系」としているのも，話者が現在の状況を「言語の単位だけが出ている状況」に分類されるものと判断しているだけだと考えられる．(6)が「捜し物をしているときの動作」という具合にある程度限られたカテゴリーを想起しやすいのに対して，(8)で述べられている状況は他にどのような既存カテゴリーが存在しているのかが不明で，当事者にしか理解できないアドホックなカテゴリーを形成している．このようなカテゴリー形成は，対話を成立させるための大前提である共有知識やそれに基づいて柔軟かつアドホックに解釈してゆく能力の有無に大きく依存している（このようなダイナミックな解釈は，アドホック概念形成（Carston 2002）にも通じる）．

さて，最後に対人的モダリティ表現についても見ておこう．日本語における対人的モダリティ表現の代表は終助詞であるが，近年では，「超キモいんですけどwww」の「けど」（尾谷・二枝 2011）や下例の「し」のように，接続助詞が終助詞のように使用される例が目立つ．

(9) komu_ryu：ファクト多すぎてパワポに書く内容絞れない ww
　　Rider758：　ツイッターをやる暇があるんだったら，
　　　　　　　　早くやれし wwwwwwwww
　　　　（https://twitter.com/1230_ivan/status/287107047621799936）

なかなか課題が終わらないという相手に対して，早くやれと忠告・命令している発話であるが，この対話における文末の「し」は，相手に対する〈不満表明〉といった用法を獲得しつつある．本来，接続助詞の「し」は，何らかの判断を下す際の理由になるようなものを並列するための助詞であるが（例(10)参照），やがて単独の理由を述べる際にも使用されるようになり（例(11)参照），その理由を盾にとって，相手に対して不満を表明するようになったと考えられる．

(10) 彼は優しいし，イケメンだし，きっと女子にモテると思うよ．
(11) 彼は優しいし，きっと女子にモテると思うよ．
(12) 母：ゲームばかりしてないで，宿題やっちゃいなさい．
　　 子：もうやったし！

(12)では，「もう（宿題は）やったし！」と述べているが，これを理由の従属節と捉えれば，その後に「怒らないでほしい／放っておいてほしい」といった主張を表す主節がくるはずである．そのような不満は，実際の対話においては，おそらく口調や表情などから推論されていた情報であろうが，それらが繰り返して生起することで，不満があるから「改善を要求したい」という話し手の主観的な願望が意味に組み込まれ，(9)のように命令文の文末にも使用されるようになった．話し手の主観的な意図が語彙意味に組み込まれたという点で，この変化はトローゴット（Traugott 1982, 1989）のいう主観化（Subjectification）であるが，語用論的推論が繰り返されるうちに定着したという点では，語用論的強化（Pragmatic Strengthening）も同時に起こっている．

　不満表明の「し」は，禁止を表す「～するな」や，不満を表す「（～とは）何だ！」といった構文にも拡大している（不満を表す「～とは何だ！」構文は，Kay and Fillmore (1999) が指摘した *What's that fly doing in my soup?* のような WXDY 構文にも通じる）．

(13) （特定の知人に対して）
　　 そんなに私に内緒にしたいならもうスカイプやるなし✕✕✕✕✕
　　 華麗にスルーされたからもういいよ✕✕✕✕✕✕✕✕✕✕
　　　　　　（https://twitter.com/nozomi7012/status/649618445143683072）

(14) A：こんばんわ✦　今日は4公演1つでも来てくれた方本当にありがとうございました！！　確実に4回目がいちばん良いパフォーマンスができたから明日ライブないの寂しいけどこのまま成長していけたらいいな
　　　B：こんばんわ✦　最後の公演が1番良いとか何だし！
　　　　23日のパフォーマンス期待してる（＊6ω6＊）
　　　　　　　　（https://twitter.com/derattyo/status/645949782502993920）

さまざまな事例を見ていると，必ずしも不満表明が全面に出ているわけでもなさそうで，文末に「笑い」を表す「w」が付加されていることから，不満の意が背景化し，お笑い芸人の「つっこみ」に似た用法へと移行しているようである．

(15) A：あれだろ拡散希望とかやってんだろ
　　　B：やってねえよw拡散希望って何だしw
　　　　　　　　（https://twitter.com/derattyo/status/645949782502993920）
(16) A：ちょwwwwお前なんか可愛いしwwwwwwww
　　　B：急になんだしww照れるしwwwwww
　　　　　　　　（https://twitter.com/rinrin9630/status/623477191595012096）
(17) A：画像上げてもいいんだぞ？（＊´v｀）
　　　B：やめとけしwww
　　　　　　　　（https://twitter.com/Geltamin/status/649191916500705280）

さらに最近では，まだそれほど多くはないものの，勧誘文に付加される事例も散見される．不満に基づく改善要求の表現を装うことにより，それだけ当該事態の実現を相手に強く働きかけたいと強調しているだけとも考えられるが，やがてそのような強調の意図が薄れれば，不満表明から脱コンテクスト化して，単に事態の実現を強く働きかけるだけの強調表現になるかもしれない（以下の「たこぱ」は，たこ焼きパーティのこと）．

(18) A：高野山へ行こう　それでうちでたこぱしよう
　　　B：ほんまそれな早くやろうし！！！
　　　　　　　　（https://twitter.com/5564z/status/325127588509003776）

◆ 6.2 談話標識

若者言葉の談話標識といえば，話題を転換する「てゆうか」がその代表格であろう（Lauwereyns 2000，メイナード泉子 2004，マグロイン花岡 2007）．すでに若者世代だけの言葉とは言えないほど浸透しているが，若者はさらに「てか」や「つか」といった縮約形も用いるようになっており（田辺 2008），ネット上では「tk」と略したものまで散見される．

(19) A：今日，寒いよねー．
　　 B：てか，今日って言語学概論の小テストなかったっけ？
(20) コスフェスと池袋でやるリリイベ行きたいーー(.•w•.)
　　 tk さ，夏キスのジャケット可愛すぎじゃね？ね？
　　　　　　　(https://twitter.com/Mirby_K/status/598831625120583681)

似たような表現として，「話は変わるけど」を「HK」と略したものも一時期使用されたようだが，これはおもに小中学生が手紙で使用していたものらしい（このような表記を省略したものは，音声対話表現ではなくネット・スラング（6.4 節）として扱うべきであるが，談話標識でもあるためこの節で紹介した）．

談話の流れを管理する「てゆうか」とはやや異なるが，後続する発話の適用範囲を自分だけに限定することを表す「わたし的には」もよく若者が使用する談話標識であり，主張をぼかす機能があると言われている（浅井ほか 1997）．

(21) A：どっちのセーターが似合うと思う？
　　 B：<u>わたし的には</u>，こっちが良いと思うな．　　　　　（浅井ほか 1997）

この表現には，他者に意見を押しつけることを回避すると同時に，発言によって負わされる自分の責任を最小限にする働きがある．前者は聞き手の消極的フェイスを傷つけないための配慮であり，後者は自分の積極的フェイスを傷つけないための配慮であるため，次節で扱う配慮表現の一種でもある．一方で，発言の適用範囲を自分のみに限定することで責任性を軽減しようとする点は，前節で見た垣根言葉にも当てはまる．このような意識は互いに重なり合う部分も多く，必ずし

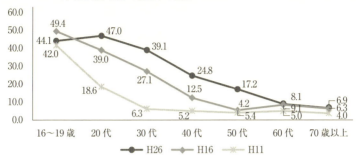

図 6.2 「わたし的には」の使用率（文化庁文化部国語課 2015 に基づいて作成）

も排他的な関係にあるわけではない．

さて，「国語に関する世論調査」（文化庁）によれば，「わたし的には」という言い方をすることが「ある」と回答したのは，平成 11 年度の調査では 10 代後半だけが突出して多く，明らかに若者言葉として認識されていたことが分かる．しかし，平成 16 年度の調査では 20 代，30 代の使用率も 20% 以上伸び，さらに平成 26 年度は 20 代で 47%，30 代でも 39% にまで上昇していることから，そろそろ単なる若者言葉とは言えない段階まできている（図 6.2）．

SMAP の木村拓哉が使用したことで流行した「ぶっちゃけ」も，同様に若者言葉の域を脱しつつある表現である．これは「打ち明ける」のくずれた形に由来し，誰にも教えていなかった真相を暴露するという意味であったが，「他人が知るよしもないことを話す」ということで，後に自分が心のうちで思っている事を忌憚なく述べることを予告して聞き手の注目を集める談話標識へと変化した．若者は断定回避の「ぼかし言葉」を多用するとしばしば指摘されるが，「ぶっちゃけ」はその逆である点がおもしろい．最近では，以下のように他者がまだ気づいていないと話し手が思っている事実を鋭く指摘する使用法も見られ，英語の談話標識 *actually* に通じるものがある（3.1.1 項 a. 参照）．

(22)（カーレースを題材にしたコイン式ゲーム機について語っている）
　　湾岸とか頭文字 d めっちゃやってる人ら
　　いままでつぎ込んだお金の合計

ぶっちゃけ中古車ぐらい買えるよなー
…自分もそのうちの1人やけど
（https://twitter.com/5ks_ryo/status/651202760713465856）

「ぶっちゃけ」と似た表現としては，「何気なく」に由来する「なにげに」があげられる．「（誰も気づかないかもしれないが，）実は／本当は」という意味で90年代から多用されるようになったもので，「田中さんって，なにげにお洒落なネクタイしてませんか」のように用いる．しかし，最近では以下のように「なにげ」と略されることもあり，自分の行動についてもメタ的に言及する用法も獲得しつつある．

(23) 17歳になりました！　たくさんのお祝いメッセージありがとうございます😊
(中略) なにげ，浜尾のきょーたが0時に祝ってくれました．
（https://twitter.com/taf_suz/status/649558865827106816）

(24) 今日はまいむとららぽ🖐️　なにげ初まいむでした🧍‍♀️💨
食べて🍴笑って👄歌って👄　たまに真面目な話して，
うん，最高だったね🖐️
（https://twitter.com/penkore_arisa/status/648499922682048512）

上例は，どれも「誰も気づかないかもしれないが」というニュアンスがなく，述べている事象が単に自分にとって意外であった（もしくは，今まで特に意識していなかったことを自分も初めて意識した）という程度の意味であろう．

「申し訳ないけど」「悪いけど」のように，先に謝罪することで，後続発話で聞き手に何かしらの負担をかけることを予告する談話標識は多々ある．近年では，そこに「ごめん」を用いたものが散見される．おもに九州や関西地方で用いられていたもののようである．

(25) こういう無茶なお願いするとき，「無理言ってごめんやけど」の一言くらいはあると思うけど，それも無いのはどうかと思う．
（https://twitter.com/lost13days/status/648361138946572288）

(26) 本当ごめんだけど，V系以外ライブ行った事ない，てか行く気ありません．アニメフェスは行ったけど（´｡ω｡`）

⟨https://twitter.com/ru_ki_5271/status/648548969677590528⟩

フィラーとして用いられる「まあ」も談話標識であるが，最近では「とりあえず，まあ」の2語を「とりま」と略して用いる．

(27) 　A：明日のMステって初音ミクいつでるん？
　　　B：夜頃と予想している
　　　A：とりま録画しとけば安心
　　　　　　⟨https://twitter.com/10y_u/status/646296157870686208⟩

「とりあえず」は，将来のことは考えず，現在だけを問題にするさまを表す．また，「まあ」については，川上 (1993, 1994) が「概言」，冨樫 (2002) が「ある前提から結果へ至る計算処理過程が曖昧であること」から生じる「和らげ」を表しているとしているため，「とりあえず，まあ」は「先のことは考えず，判断を大雑把に行った」という意味になり，それは(27)にも当てはまる．しかし，中には「まあ」の意味が背景化し，「とりま」が独自の意味を持つに至ったと考えられる事例も見られる．

(28) 　(Sonar Pocket というバンドのヴォーカルに対する書き込み)
　　　こーちゃんハピバ🎉　ほんとかっこいいし，優しいし，歌うまいし，背高いし，笑顔ステキだし… とりま大好きです💕
　　　　　　⟨https://twitter.com/SscAyaho0619/status/651051947026333697⟩

「大好き」と強調していることから，上例では自分の好意を曖昧にぼかして表明しているわけでもなければ，そう思うに至ったプロセスが曖昧であったと述べているわけでもない．なんと言ってよいか分からないため，「他のことはさておき」頭に浮かんだ言葉を「とりあえず」言うというような意味であり，「とにかく」に極めて近い用法と言えよう．

◆6.3 配慮表現

　配慮を表す表現は多種多様であるが，この節はその中でも対話中で応答・返答として使用される表現に注目する．たとえば，最近の若者はよく「大丈夫」と返答するが，ネット上では，どう解釈してよいか分からないという中高年の意見をよく目にする．

　　(29)（コンビニでの会計時に，弁当を温めるかどうか店員が確認する）
　　　　店員：お弁当，温めてもよろしいですか．
　　　　客：　大丈夫です．

この「大丈夫」は，客としては「温めなくてもいい」という〈不要〉の意を伝達していると解釈される．しかし，目上であるお客様に対して「温めてもよろしいですか」と許可を求めた店員の立場からしてみれば，「大丈夫」という表現を聞いて〈許可〉が下りたと誤解しても不思議ではない．
　一般的には，「大丈夫」は「問題がなく，安心できるさま」を表す形容動詞であり，以下のように用いる．

　　(30)（転んだ相手に対して）
　　　　A：怪我はない？
　　　　B：大丈夫．

ここでは，自分に怪我（＝問題）はないという意味で「大丈夫」を使用しているが，同時に，「だから，心配（もしくは気遣い）は不要である」という推意を伝えることにもなる．実際の対話では，「大丈夫．心配いらないから」のように付言することも多いことから，そのような推意が語用論的強化によって定着し，現在では「大丈夫」の語彙的意味の一部になってしまっている．このような〈心配不用〉の意味から，近年では「心配」や「気遣い」という要素が背景化し，単に〈不要〉の意に近づいた事例も見られる．

　　(31)（屋台で，お吸い物付きのメニューを頼んだマギー）

店員　：（料理を渡した後で，お吸い物も渡そうとする）
　　　マギー：お吸い物は，大丈夫です．
　　　　　　　　　　　（日本テレビ 2015 年 10 月 10 日放送の「バズリズム」より）

　店員にとっては，お吸い物を添えて給仕することが義務でしかないため，客のことを気遣っているとは考えにくい．ゆえに，客は「お吸い物は要りません」と言ってもよい．しかし，それでは拒絶したような印象を与えるため，「お吸い物が無くても自分にとっては問題ないので，お吸い物を受け取らない自分に余計な気遣いは無用である」ということを「大丈夫」で伝えているのであり，これも配慮表現の一種であると考えられる．しかし，そのような配慮の意識を読み取らず，単に「不要であるということを伝えた」という結果だけに注目してしまうと，やがて配慮表現であるという意識が薄れ，いずれは純粋に〈不要〉の意だけを伝達する表現として定着するものと思われる．
　若者言葉というわけではないが，最近では配慮を先取りして，返答ではなく質問文で「大丈夫」を用いる例も見られるようになった．

　(32)　(スーパーのレジにて)
　　　店員：{レジ袋／ポイントカード} は大丈夫ですか？
　　　客：　あ，はい，大丈夫です．

　レジ袋を有料化している店が多い昨今では，買い物袋を持参しているかどうかは客にとって大きな問題になった．そのため，「問題はないか」という意味で「レジ袋は大丈夫ですか」と質問するのにはそれほど違和感はない．しかし，ポイントカードの場合は，精算時に提出しなくとも大した問題にはならない．もちろん，ポイントが付与してもらえないという不利益はあるものの，買った商品を持ち帰ることができないというような困った事態に陥ることはない．そもそもすべての客がポイントカードの会員になっているとは限らないため，カード会員ではない客にとっては，会員になっていることを前提にしたかのように「ポイントカードは大丈夫ですか」と言われてしまうと，逆に鬱陶しく感じてしまうのであるが，そのような事情を考慮せず，定型表現を機械的に使用する状況が広がりつつある．
　一方で，配慮など微塵もなく，無碍に拒絶しているように感じられる返答もあ

る．最近の若者は，友人などの親しい関係にある者からの依頼を断る際に，「無理」と一言で片付けてしまう場合がある．たとえば以下のような場合は，一昔前であれば，「だめ」や「いや」という非常に直接的な断り方をしていた場面である．

(33) （姉がゲームをやめたので，妹が貸してほしいと依頼する）
　　　妹：ねぇ，うちにもちょっと貸して．
　　　姉：無理．

「無理」とは，「困難なこと」の意であるため，「貸してあげたいのはやまやまだけど，次は○○ちゃんに貸すことになっているから，あなたに貸すのは困難だ」というような解釈ならば成立しそうなものだが，上例ではそのような前提は存在していない．つまり，姉が妹にゲーム機を貸すことは，客観的には決して困難な状況ではないのである．にもかかわらず，この場面で「無理」を使用するのは，責任性の問題だと考えられる．「いや」や「だめ」はどちらも非常に直接的な拒絶表現である．拒絶するという決断を下した責任主体が自分であることを認める表現であり，自身の積極的フェイスを傷つけかねない．しかし，貸すことが困難であるという意の「無理」を用いれば，相手の依頼を拒絶した責任が自分にあるのではなく，外在的な状況にあるのだという体を取り繕うことができる．事実，そのような状況可能の意で用いる例も多く見られる．

(34) （大学の帰り，友人が飲みに誘う）
　　　Ａ：これからちょっと飲んで行かない↑
　　　Ｂ：無理．俺，いま金ない．

さて，(33)で見た「無理」の〈断り〉用法の根底には，相手を受け入れることが心情的に難しいという拒絶感を表す以下のような事例があると思われる．「マジで，もう無理」を略した「3M」が2007年頃に流行していたことから，他者に対する自己の態度を表す「無理」の用法は，それ以前からあったと考えられる．

(35) （かなり個性的なクラスメイトのK子について語る女子学生たち）
　　　Ａ：あの人，もうマジありえないし．

B：私も，ああいうタイプはムリだなぁ……

　できることならば，クラスメイトとは分け隔てなく付き合うことが好ましいということは一般的に共有された前提といっていい．ゆえに，特に人格的に問題がなければ，それなりに友好な関係を築きたいとは思っているのだが，相手に何かしらの問題があるため，それが困難であることを上例は表している．断るという行為は，相手のフェイスを傷つける危険性が高いため，非常にデリケートな表現が必要とされる．そのため，①謝罪・遺憾，②言い訳，③積極的な気持ちの表現・共感などの複数の内容で構成されることが多く，文化によってその構成や順序が異なることが知られているが（Beebe et al. 1990），「無理」を用いて拒絶を表すというのは，日本ではやはり〈スル〉型の発想よりも〈ナル〉型の発想を選択する傾向がある（池上 1981）ということなのであろう．

◆ 6.4　ネットスラング

　インターネットの普及に伴い，電子媒体によるコミュニケーションの機会が急増したことで，ネットならではの独特な対話表現が生み出されているが，若者言葉を使用した対話という点では，LINE や Twitter（https://twitter.com/）に見られる応答表現がおもしろい．「女子中高生ケータイ流行語大賞」（株式会社ピーネストが 2009～12 年にかけて調査・発表した流行語ランキング．現在は行われておらず，http://dic.nicovideo.jp/a/%E5%A5%B3%E5%AD%90%E4%B8%AD%E9%AB%98%E7%94%9F%E3%82%B1%E3%83%BC%E3%82%BF%E3%82%A4%E6%B5%81%E8%A1%8C%E8%AA%9E%E5%A4%A7%E8%B3%9E でしか確認できない）を見てみると，「リア充」「てへぺろ」「あげぽよ」といった有名な流行語とは別に，リアクションを表す言葉が多いことに気づく．

　(36)　A：今日，昌嘉くんと映画観てきた〜☆
　　　　B1：まじか　　　　　（女子中高生ケータイ流行語大賞 2009，4 位）
　　　　B2：イイネ！　　　　（女子中高生ケータイ流行語大賞 2010，4 位）
　　　　B3：うけぴー　　　　（女子中高生ケータイ流行語大賞 2010，5 位）
　　　　B4：ありえんてぃ　　（女子中高生ケータイ流行語大賞 2010，6 位）

B5：どゆこと！？　　（女子中高生ケータイ流行語大賞 2010, 7 位）

　「まじか」は，「まぢか」と表記されたり，目上の人に対しては「まじッスか」となったりする．文字通りには「それは本当なのか」という疑念を表すため，これを言われた年配の方は「私が嘘をついていると疑っているのか」と不快に思う場合もあるようだが，若者が使用する応答表現としては，意味の漂白化（semantic bleaching）が起きており，単に「（信じられないくらい）すごい，驚いている」という強調表現になっている．「ありえんてぃ」も似たような意味であり，「ありえない」という驚きを表す表現の語尾を可愛くしただけである．「うけぴー」も，「ウケる」の語尾を可愛くしただけであるが，このように音韻的にかわいいニュアンスを加えるのは若い女性の特徴であろう．

　このようなリアクション言葉が多くランクインしている理由は明白で，携帯メールや LINE，Twitter などのコミュニケーション手段を用いているからである．特に LINE では，相手がメッセージを読んだことが確認できる（画面に「既読」と表示される）ため，読んだにもかかわらず返信していない状況を「既読スルー」と呼び（これを略した「KS」は株式会社サイバーエージェントが発表した「JCJK 流行語ランキング」で 6 位にあがっている），人間関係を気まずくする原因になると忌避される．そのため，たとえ一言でもいいから返信する必要があり，それが応答表現の固定化・パターン化につながっている．2012 年度のランキングではそれが顕著に表れており，リアクション言葉がトップ 10 に 5 つもランクインしている．

　(37)　A：耕治くんのメガネ，めっちゃ昭和だよね〜(´艸｀)
　　　　B1：あーね　　　（女子中高生ケータイ流行語大賞 2012, 6 位）
　　　　B2：それな！　　（女子中高生ケータイ流行語大賞 2012, 9 位）
　(38)　A：明日のこと，玲子ちゃんにもメールしとくね．
　　　　B1：オッケ〜☆　（女子中高生ケータイ流行語大賞 2012, 7 位）
　　　　B2：りょ！　　　（女子中高生ケータイ流行語大賞 2012, 8 位）
　　　　B3：サンキュー‼　（女子中高生ケータイ流行語大賞 2012, 10 位）

　「あーね」は，応答と同意を表す「あー，そうだね」や「あー，なるほどね」の略

である．女子中高生ケータイ流行語大賞2009で8位，同2011でも6位にランクインしており，現在でも多く利用されていることから，単なる流行語ではなくこのまま定着すると思われる．「りょ！」も「了解」の略であり，最近ではさらに短縮して「り」とのみ打つ場合もあるが，「り」では短すぎて逆に意味が分からなくなってしまうため，定着はしない可能性が高い．

「それな！」は，関西方言に由来するようだが，若者言葉としては一般的に同意を表す「そうだよね」の略とされているようだ（「若者言葉辞典〜あなたはわかりますか？〜」http://bosesound.blog133.fc2.com/blog-entry-448.html）．確かに最近では「そうだよね」くらいの軽い相づちで使用されているのかもしれないが，「言われてみれば，そうだよね」という場合に「言われてみれば，それな」とは言いがたいと思われるので，単なる同意ではなく，皆が気づきそうで気づかない真理などを述べた相手に対して，「そう，そう！　本当にそうだよな！」というやや強い同意を表している（いた）と思われる．それが単なる同意でしかなくなったとすれば，本来の意味から漂白化もしくは一般化が起こったと考えるしかない．

「それな！」は2012年に初めてランクインした表現であるが，「2ちゃんねる」（http://www.2ch.net/）の掲示板では，すでに2005年に以下のような使用例が見られることから，女子中高生に多用される数年前から存在していたようだ（以下は，アフリカの現状を憂えている者に対して同意を示しつつも，募金URLを提示して相手に募金を促している）．

(39)　3：バリアフリーな名無しさん［］投稿日：2005/09/22（木）18: 36: 42
　　　　1000万円の借金を苦に自殺を考えてる人を救うのは難しいが，
　　　　100円の予防接種や50円の食事を得られないために死んでいく人を救うのは比較的容易ではないだろうか．
　　　5：バリアフリーな名無しさん［sage］投稿日：2005/10/02（日）23: 09: 56
　　　　>>3
　　　　それな．
　　　　http://www.dff.jp/
　　　　↑ここ来てる暇あったらこれくらいやったらいいんじゃないか
　　　　　　　　（掲示板「アフリカの貧困を助けよう！っていうけど，」より）

応答詞とはやや異なるが，相手の発言に対する反応を表すネットスラングは多岐にわたる．しかし，中にはお決まりのフレーズになったものも少なくない．

(40) A：東京に来た記念に，じいちゃんと秋葉原のメイドカフェへ．
　　　　料金払わずこそっと出てきたけどバレなかったwww
　　 B：通報しますた　もう二度とシャバには戻れなくなるぞ
　　 C：それが本当の冥土カフェ
　　 D：誰が上手いこと言えとwwww
　　 E：コーヒー噴いたw

法令に違反するようなことを自慢げに書き込む者に対しては「通報しますた」，うまい冗談を言った者に対しては「誰が上手いこと言えと」や「コーヒー噴いた」など，リアクション言葉の定番と呼べるものがネット掲示板で多く生まれた．対話を楽しむという目的からすると，このような固定表現はワンパターン化を招き，好ましくないように思われるかもしれないが，ネタのような投稿に対していち早くお約束のコメントをつけることが一種の楽しみにもなるわけである．ただ，2ちゃんねるのような大規模掲示板は，スマートフォンが普及する以前は30代，40代のユーザーが多いとの指摘もあることから，必ずしも上記の表現が若者言葉とは言えない側面もある．しかし，同意を表す「それな！」や最高位であることを表す「神」(2ちゃんねるでは「ネ」と「申」の2字に分解して隠語的に使用していた) などは若年層が好んで用いるようになっていることから，若者言葉の源流になっていることは否定できない．

一方で，文字面だけからは意味が推測できない隠語性の高い省略表現も多い．掲示板上の対話は単なる情報交換のためではなく，波紋を呼ぶ書き込みや，相手を煽る発言をすることで，会話そのものを楽しむ目的も持っているため，そういった隠語表現を使うことでコミュニケーション上の効果を上げようとしているのである．

(41) A：昨日，ナンパでJKゲト！
　　 B：kwsk
(42) A：最近よく「JK」とか目にしますが，どんな意味ですか？

B：ggrks

　「kwsk」は「くわしく（教えてくれ）」の子音のみを取り出した略語である．同様の略語としては，検索すれば誰でも分かるような質問を書き込む者に対して言う「ggrks」（ググれ，カス）などもある．こういったアルファベットによるスラングは，キーボード入力の手間を省く目的で生まれたと言われるが，実際には，わざと分かりにくい表現を使用することで，隠語性を高め，コミュニケーションを楽しむ目的もあったと思われる．

　ネット上だけでなく，実際の会話でも似たような略語が多用されている．2007年にユーキャンの新語・流行語大賞に「KY」（空気が読めない）がノミネートされたことから，アルファベットの頭文字を用いて略したものはKY語と呼ばれた（北原2008）．もちろん，このような略語は別段新しいものではなく，戦時中も旧日本海軍で「MMK」（モテモテで困る）などが使用されていたし，近年でも90年代にコギャル語として「MK5」（マジでキレる5秒前）などが流行した．そもそも，団体名（「NHK」「JOC」）や製品名（「CD」「PC」）などを略したものは一般的に使用されており，決して珍しいものではない．しかし，そのKY式日本語を対話の中にうまく取り入れて，コミュニケーションの一つの型にまでしている例がある．

(43)　（アイドルが好きな理由を説明しているDAIGO）
　　　DAIGO：　モモいろクローバーZさんとかは，ほんとにもうライブ行けば分かるんですけど，（中略）全力で踊って，全力でこう…歌ってっていう…….で，すごい勉強になるし，あのパッションはみんな感じた方がいいと思う．
　　　小堺：　アルファベットで言ったらどういう感じ↑
　　　DAIGO：　アルファベットっ！　アルファベットっすか……なるほど．OSSMですね．
　　　ゲスト：　OSSM…　どういうこと↑
　　　DAIGO：　オススメ↑　〈スタジオ，大笑い〉
　　　　　　　（フジテレビ2013年9月2日放送「ライオンのごきげんよう」より）

芸能人のDAIGO（ロックバンドのヴォーカル）は，近年，誰も理解できないようなアルファベット略語を敢えて使用し，巧みに笑いを引き出している．意味不明な略語を聞いた相手は，「それはどういうことですか」と質問するのがお約束であり，それに対してDAIGOがその解答とも言うべき表現を種明かしするという対話になっているが，これは「なぞかけ」と同じであり，お笑いトークでいう「フリーオチ」の構造にもなっている．

考えてみれば，どのようなKY語であろうと，そのKY語を初めて思いつき，それを対話で用いた者がいるはずであり，それを聞き手が何の手がかりも無しにすんなりと理解できたとは考えにくい．仮に，ある程度の知名度が得られた時期であったとしても，以下のような対話が存在するであろうことは想像に難くない．

(44) A：得意料理とかある↑
　　 B：うーん，TKGとかよく作るかな．
　　 A：え↑，ティーケージーって↑
　　 B：卵かけご飯↑〈苦笑〉
　　 A：それ，料理ちゃうし！〈笑〉

会話のノリを楽しむことも若者言葉の大きな特徴であるが（米川1998），特に最近の若者のコミュニケーションはそのような傾向が強く，お笑い芸人の会話スタイルに大きく影響を受けているという（陣内2005）．ネット上の対話のみならず，リアルな対話においてもKY式日本語を使用するのは，臨時的な隠語を作ることで対話の楽しみを増幅させているのである．言葉を作る楽しみ，それを使用して相手からのリアクションを得る楽しみ，そしてそれを使い続けることで仲間意識を高める楽しみ，さらには，時代の波に乗っかって遊ぶ楽しみ．若者の対話コミュニケーションには，そのようなさまざまな楽しみが詰まっているのである．

より深く勉強したい人のために

- 米川明彦（1998）『若者語を科学する』明治書院．
　90年代前半までの若者語の実例が豊富に取り上げられているだけでなく，若者語のコミュニケーション上の機能や定義，明治期からの歴史的変遷についても詳しく述べられており，時代を越えて若者語に通底する志向が見て取れる．

- 北原保雄編（2004）『問題な日本語―どこがおかしい？何がおかしい？』大修館書店．
『明鏡国語辞典』（大修館）の編集委員たちが，当時問題視されていたさまざまな言葉遣いについて解説したもの．この節でも取り上げた「てゆうか」「みたいな」「なにげに」「わたし的には」をはじめ，気になる言葉が多数取り上げられている．
- 加藤重広（2014）『日本人も悩む日本語　ことばの誤用はなぜ生まれるのか？』朝日新書．
若者言葉というわけではないが，我々が普段間違って使用している表現や本来は誤用であった表現などを取り上げ，その変化のメカニズムを詳説している．専門用語はあまり出てこないが，専門分野が語用論である筆者の解説は語用論的な示唆に富み，ぶ厚い専門書に匹敵する読み応えがある．

文　献

浅井真慧・深草耕太郎・坂本充（1997）「「的を得た」は的を射ているか―第7回ことばのゆれ全国調査から（2）」NHK放送文化研究所『放送研究と調査』47(5)：52-61．
庵功雄（2001）『新しい日本語学入門　ことばのしくみを考える』スリーエーネットワーク．
池上義彦（1981）『「する」と「なる」の言語学』大修館書店．
尾谷昌則・二枝美津子（2011）『構文ネットワークと文法―認知文法のアプローチ―』研究社．
川上恭子（1993）「談話における「まあ」の用法と機能（一）―応答型用法の分類―」『園田国文』14：69-79．
川上恭子（1994）「談話における「まあ」の用法と機能（二）―展開型用法の分類―」『園田国文』15：69-79．
北原保雄（編著）（2004）『問題な日本語―どこがおかしい？何がおかしい？』大修館書店．
北原保雄（監修）（2006）『みんなで国語辞典！これも，日本語』大修館書店．
北原保雄（2008）『KY式日本語―ローマ字略語がなぜ流行るのか』大修館書店．
現代日本語研究会（1999）『女性のことば・職場編』ひつじ書房．
佐竹秀雄（1995）「若者言葉のレトリック」『日本語学』14(11)：53-60．
柴田武（1958）「集団語とは」日本放送協会『NHK国語講座　日本語の常識』142-185．
陣内正敬（2005）「関西方言の広がりと日本語のポストモダン」陣内正敬・友定賢治（編）『関西方言の広がりとコミュニケーションの行方』和泉書院，321-330．
田辺和子（2008）「「というか」の文法化に友愛音韻的変化の一考察―縮約形の「てか」「つか」をめぐって―」『明海日本語』13：55-63．
冨樫純一（2002）「談話標識「なあ」について」筑波大学文芸・言語研究科日本語学研究室『筑波日本語研究7』15-31．
仁田義雄（1989）「現代日本語文のモダリティの体系と構造」仁田義雄・益岡隆志（編）『日本語のモダリティ』くろしお出版，1-56．
日本語記述文法研究会（2003）『現代日本語文法〈4〉第8部・モダリティ』くろしお出版．

福原裕一（2013）「「〜みたいな」表現の分析」『国際文化研究』19：101-116.
文化庁文化部国語課（2015）『平成26年度「国語に関する世論調査」の結果の概要』文化庁
　　（http://www.bunka.go.jp/tokei_hakusho_shuppan/tokeichosa/kokugo_yoronchosa/pdf/
　　h26_chosa_kekka.pdf).
前田直子（2004）「文末表現「みたいな.」の機能」『月刊言語』33(10)：54-57.
マグロイン花岡直美（2007）「文章の「ていうか」とメタ言語否定」久野暲・牧野成一・スーザ
　　ンGストラウス（編）『言語学の諸相』くろしお出版，167-176.
松本修（2010）『「お笑い」日本語革命』新潮社.
メイナード，泉子・K.（2004）『談話言語学　日本語のディスコースを創造する構成・レトリッ
　　ク・ストラテジーの研究』くろしお出版.
米川明彦（1997）『若者ことば辞典』東京堂出版.
米川明彦（1998）『若者語を科学する』明治書院.
米川明彦（2000）『集団語辞典』東京堂出版.
渡辺友左（1981）『隠語の世界―集団語へのいざない―』南雲堂.
Beebe, Takahashi and Uliss-Weltz (1990) "Pragmatic Transfer in ESL Refusals," in R. C. Scarcella, E. S. Andersen and S. D. Krashen (eds.) *Developing Communicative Competence in a Second Langage*, New York: Newbury House.
Carston, Robin (2002) *Thoughts and Utterances: The Pragmatics of Verbal Communication*, Oxford: Blackwell（内田聖二・西山佑司・竹内道子・山崎英一・松井智子（訳）（2008）『思考と発話明示的伝達の語用論』研究社).
Grice, P. (1975) "Logic and Conversation," in Peter Cole and Jerry Morgan (eds.) *Syntax and Semantics 3: Speech Acts*, New York: Academic Press, 41-58.
Kay, Paul and Charles J. Fillmore (1999) "Grammatical Constructions and Linguistic Generalizations: The 'What's X doing Y?' Construction," *Language* 75: 1-33.
Lauwereyns, Shiauka (2000) *Hedges in Japanese Spoken Discourse: A Comparison between Younger and Older Speakers*, Ph.D. dissertation. Michigan State University.

索　引

▶欧　文

actually　66
after all　66

but　65

FTA(face threatening act)　96

Google Ngram　8

however　65

I 推意　80
I mean　80
indeed　66
in fact　66
in other words　80

KY 語　159

like　76

nevertheless　65

PC(political correctness)表現　43

Q 推意　80

rudeness　10

so　71
sort of　76

then　71

therfore　71

you know　73
(you)see　73

▶あ　行

アイロニー　51
あからさまに言う(bald-on-record strategy)
　　98
アドホック(ad hoc)　44, 50
　　──なカテゴリー　145
アドホック概念形成　145

一義化(disambiguation)　44, 50
一次的談話標識　83
意図明示的刺激(ostensive stimulus)　46
意味合成規則(compositional semantic rule)　84
意味的・語用論的拡大　132, 135
意味の漂白化(semantic bleaching)　156
依頼表現　100
隠語(jargon)　42, 52, 158, 159

エモティコン(絵文字)(emoticon)　52
エリザベス朝英語　11
婉曲表現(婉曲語法，婉曲語句，遠回し表現)
　　(euphemism)　4, 7, 41

置き換え(paraphrase)　48, 51, 56

▶か　行

概念　65
会話　2
　　──の原則　96
　　──のまとまり(sequence)　65
会話分析　64

垣根言葉(hedge, softener)　50, 53, 56, 101, 139, 140
　──の挿入(hedging)　48, 53
垣根表現(hedge)　67
　──の挿入　49
拡大(expansion)　132
拡張(語彙概念の)(loosening)　54
頭文字語(initial words)　52
仮定法(subjunctive mood)　18, 19, 25
カテゴリー化　144, 145
からかう(teasing)　113
間主観化(intersubjectification)　64, 118, 122, 127, 129
間主観性　140
間接的な表現　95
間接発話(indirect speech)　50
間接発話行為(indirect speech act)　26, 36, 100
勧誘文　147
関連性　54
　──の伝達原則(communicative principle of relevance)　90
関連性理論(relevance theory)　45, 65
緩和(mitigation)　53

偽悪表現(dysphemism)　41, 42, 59
記号化(symbolization)　52
詭弁　45
義務的(deontic)　22, 23, 26, 30-32
義務モダリティ　6
強化(strengthening)　65
均衡のとれた対話(symmetrical dialogue)　2
均衡のとれていない対話(asymmetrical dialogue)　2

敬語　94
結束性(coherence)　65
言語ストラテジー　97
言語類型論(linguistic typology)　118
現代英語　11
言表事態めあてのモダリティ　139

語彙概念(lexical concept)　44

　──の呼び出し　44
構文文法(construction grammar)　118
ことば遊び　57
言葉狩り　47
語用論　41
語用論化(pragmaticalization)　126, 128, 129
語用論的強化(pragmatic strengthening)　146, 152
語用論的推論　6
語用論的標識(pragmatic marker)　121
根拠　66
コンテクスト　43, 44, 47, 51, 60, 144

▶さ　行

最良の関連性の見込み(presumption of optimal relevance)　84

失礼(impoliteness)　111
尺度含意　79
終助詞　145
主観化(subjectification)　64, 118, 122, 127, 129, 146
主観的　146
受容クラス拡大　132, 135
順番交替(turn)　65
省略(elimination)　48, 49, 55, 56
省略形(clipping)　52
処理労力(processing effort)　45, 65
親愛表現　112
親疎・上下関係　95
心的態度(mental attitude)　18-21, 26, 38

推意(implicature)　69, 152
推意結論(implicated conclusion)　74
推意前提(implicated premise)　75
推量　139, 140, 144
スコープ(scope)　120, 123-125, 130

狭め(語彙概念の)(narrowing)　54

層化(layering)　119
相互連関方向性経路(correlated path of

索引

directionality in semantic change) 122
挿入 57
挿入的コメント節 (parenthetical comment clause) 121
挿入表現 (parenthetical expression) 18, 21, 22

▶た 行

退却 (retreat) 75
対事的モダリティ 139, 144
対人的意味 41, 47
対人的モダリティ 139, 145
対話 (dialog, dialogue) 1
脱コンテクスト化 (de-contextualization) 141, 147
脱範疇化 (de-categorialization) 119, 126
ダブルスピーク (doublespeak) 44, 52
単義的 6
短縮 (shortening) 52
断定回避 141-143, 149
単方向仮説 (unidirectionality hypothesis) 118, 123, 131
談話 112
　　――の間 (pausing) 48, 49, 56
談話完成テスト (discourse completion test: DCT) 106
談話標識 (discourse marker: DM) 4, 49, 55, 56, 64, 104, 118, 119, 121, 148-151
談話分析 64

注釈表現 54
直接発話行為 100
直喩表現 58

「ていうか」の使用 9
手続き 65
手続き的意味 (procedural meaning) 4

統語的拡大 132, 135
頭字語 (acronym, initial words) 52
特殊化 (specialization) 119
独話 13

▶な 行

2義的 6
二次的談話標識 83
二重語法 (doublespeak) 44
人間関係 95
認識的 (epistemic) 22, 23, 26, 28-30
認識的意味 (epistemic modal meaning) 124
認識モダリティ 6
認知効果 (cognitive effect) 45, 46, 65

ネガティブ・フェイス (negative face) 96
ネガティブ・ポライトネス 97
ネット・スラング 148, 155

罵り語 (swearing, swear-word) 9, 59

▶は 行

背景化 144, 147, 152
配慮表現 94, 148, 152, 153
発話解釈 45
発話行為 (speech act) 21, 29, 30, 32, 38
発話・伝達めあてのモダリティ 139
反婉曲語法 (dysphemism) 8
反復 58

フィラー (filler) 12, 64, 83, 151
フェイス 69, 96, 140, 141, 148, 154, 155
複合的手続き (complex procedure) 84
不同意 (disagree, disagreement) 103
無礼 (impoliteness) 111
分岐 (divergence) 119, 128
文法化 (grammaticalization) 11, 118-120, 126, 128, 129
文脈含意の派生 (derivation of contextual implications) 65, 84

返答 (response) 2

法 (mood) 18-20, 22, 139
法助動詞 (modal auxiliary) 18-22, 24-27, 29-35, 37

法性（modality）　18-22, 33, 35, 37
法的不変化詞（modal particle）　134
法表現（modal expression）　18, 20, 27, 29, 31-34,
　　37, 38
法副詞（modal adverb）　18, 20-22
飽和（saturation）　55
ぼかし言葉　140
保持（persistence）　119, 128
ポジティブ・フェイス（positive face）　96
ポジティブ・ポライトネス　97
ポライトネス　74, 95
　　──の原則（politeness principle）　96
ポライトネス・ストラテジー　97
翻訳　9

▶ま　行

前置き（preface）　103

矛盾と排除（contradiction and elimination）　65

メトニミー　143

モダリティ　139

▶や　行

ユーモア　113

様相論理（modal logic）　24
用法基盤モデル（usage-based model）　129
呼びかけ語　110
四文字語（four letter word）　49

▶ら　行

力動的（dynamic）　22, 28, 37

類似性（similarity）　76
ルース・トーク（loose talk）　76

歴史語用論（historical pragmatics）　64

労力　54
論証　74

▶わ　行

若者語　12

英和対照用語一覧

▶ A

acronym　頭字語
ad hoc　アドホック
asymmetrical dialogue　均衡のとれていない対話

▶ B

bald-on-record strategy　あからさまに言う

▶ C

clipping　省略形
cognitive effect　認知効果
coherence　結束性
communicative principle of relevance　関連性の伝達原則
complex procedure　複合的手続き
compositional semantic rule　意味合成規則
construction grammar　構文文法
contradiction and elimination　矛盾と排除
correlated path of directionality in semantic change　相互連関方向性経路

▶ D

de-categorialization　脱範疇化
de-contextualization　脱コンテクスト化
deontic　義務的
derivation of contextual implications　文脈含意の派生
dialog　対話
dialogue　対話
disagree　不同意
disagreement　不同意
disambiguation　一義化
discourse completion test: DCT　談話完成テスト
discourse marker: DM　談話標識
divergence　分岐
doublespeak　ダブルスピーク，二重語法
dynamic　力動的
dysphemism　偽悪表現，反婉曲語法

▶ E

elimination　省略
emoticon　エモティコン，絵文字
epistemic　認識的
epistemic modal meaning　認識的意味
euphemism　婉曲表現，婉曲語法，婉曲語句，遠回し表現
expansion　拡大

▶ F

filler　フィラー
four letter word　四文字語

▶ G

grammaticalization　文法化

▶ H

hedge　垣根言葉，垣根表現
hedging　垣根言葉の挿入
historical pragmatics　歴史語用論

▶ I

implicated conclusion　推意結論
implicated premise　推意前提
implicature　推意
impoliteness　無礼，失礼
indirect speech　間接発話
indirect speech act　間接発話行為

initial words　頭字語，頭文字語
intersubjectification　間主観化

▶ J

jargon　隠語

▶ L

layering　層化
lexical concept　語彙概念
linguistic typology　言語類型論
loosening　拡張（語彙概念の）
loose talk　ルース・トーク

▶ M

mental attitude　心的態度
mitigation　緩和
modal adverb　法副詞
modal auxiliary　法助動詞
modal expression　法表現
modality　法性
modal logic　様相論理
modal particle　法的不変化詞
mood　法

▶ N

narrowing　狭め（語彙概念の）
negative face　ネガティブ・フェイス

▶ O

ostensive stimulus　意図明示的刺激

▶ P

paraphrase　置き換え
parenthetical comment clause　挿入的コメント節
parenthetical expression　挿入表現
pausing　談話の間
persistence　保持
politeness principle　ポライトネスの原則
positive face　ポジティブ・フェイス

pragmaticalization　語用論化
pragmatic marker　語用論的標識
pragmatic strengthening　語用論的強化
preface　前置き
presumption of optimal relevance　最良の関連性の見込み
procedural meaning　手続き的意味
processing effort　処理労力

▶ R

relevance theory　関連性理論
response　返答
retreat　退却

▶ S

saturation　飽和
scope　スコープ
semantic bleaching　意味の漂白化
sequence　会話のまとまり
shortening　短縮
similarity　類似性
softener　垣根ことば
specialization　特殊化
speech act　発話行為
strengthening　強化
subjectification　主観化
subjunctive mood　仮定法
swearing　罵り語
swear-word　罵り語
symbolization　記号化
symmetrical dialogue　均衡のとれた対話

▶ T

teasing　からかう
turn　順番交替

▶ U

unidirectionality hypothesis　単方向仮説
usage-based model　用法基盤モデル

編者略歴

東森　勲 (ひがしもり いさお)

1951 年　大阪府に生まれる
1981 年　大阪大学大学院文学研究科博士課程単位修得退学
現　在　龍谷大学文学部教授

シリーズ〈言語表現とコミュニケーション〉2
対話表現はなぜ必要なのか
　　―最新の理論で考える―　　　　　　　定価はカバーに表示

2017 年 3 月 20 日　初版第 1 刷

編　者	東　森　　　勲
発行者	朝　倉　誠　造
発行所	株式会社　朝　倉　書　店

東京都新宿区新小川町 6-29
郵便番号　162-8707
電話　03 (3260) 0141
ＦＡＸ　03 (3260) 0180
http://www.asakura.co.jp

〈検印省略〉

Ⓒ 2017〈無断複写・転載を禁ず〉　　　教文堂・渡辺製本

ISBN 978-4-254-51622-7　C 3380　　Printed in Japan

JCOPY　〈(社)出版者著作権管理機構　委託出版物〉

本書の無断複写は著作権法上での例外を除き禁じられています。複写される場合は、そのつど事前に、(社) 出版者著作権管理機構 (電話 03-3513-6969, FAX 03-3513-6979, e-mail: info@jcopy.or.jp) の許諾を得てください。

シリーズ〈言語表現とコミュニケーション〉 全3巻　各巻本体3200円

中野弘三（名古屋大学名誉教授）・中島信夫（甲南大学名誉教授）・東森 勲（龍谷大学教授）監修

本シリーズの構成：「言語表現」，「コンテキスト（コミュニケーションの場）」，言語表現とコンテキストを結びつける「語用論的能力」を三つの巻に分けて扱う．言語表現を発話レベルと語（句）レベルに分けて，語（句）とコンテキストの関係を第1巻と第2巻で，発話とコンテキストの関係を第3巻で扱う．「語用論的能力」は第3巻で詳しく扱うが，ほかの2巻の内容にもさまざまな形で関係する．

第1巻　語はなぜ多義になるのか─コンテキストの作用を考える　中野弘三 編

第Ⅰ部　基礎編：多義性の基本的問題［中野弘三］　　　　　　　　　　　　　　200頁
 1. 語の多義性　2. 多義性とコンテキスト

第Ⅱ部　実践編：多義語分析の実践
 3. 多義語の分析Ⅰ─語彙意味論的アプローチ［大室剛志］　4. 多義語の分析Ⅱ
  ─認知意味論的アプローチ［早瀬尚子］　5. 多義語の分析と語用論［井門 亮］

第Ⅲ部　応用編：意味変化の要因を探る
 6. 語義の歴史的変化とその事例［石崎保明］　7. 借入語にみる意味変化［前田 満］

第2巻　対話表現はなぜ必要なのか─最新の理論で考える　東森 勲 編　180頁

序章：対話表現とは［東森 勲］

第Ⅰ部　基礎編：対話表現の基本的問題
 1. 法表現［柏本吉章］　2. 婉曲表現［塩田英子］　3. 対話における談話標識
  ［大津隆広］　4. 配慮表現［村田和代］

第Ⅱ部　応用編：対話表現はいかに変化したか─英語史的変化と日本語若者言葉─
 5. 対話表現と文法化─事例研究［米倉よう子］　6. 対話表現と若者言葉［尾谷昌則］

第3巻　発話の解釈はなぜ多様なのか─コミュニケーション能力の働きを考える

中島信夫 編　184頁

第Ⅰ部　基礎編：発話の語用論的解析と理解［中島信夫］
 1. コミュニケーションの諸相　2. 発話解釈による推論　3. 発話行為の選択と
  解釈　4. ポライトネスから見た発話行為の選択と解釈

第Ⅱ部　発展編：発話解釈のテーマ別探求と考察
 5. 重層的な発話行為の選択と解釈［中島信夫］　6. 否認における言語表現の選択と
  解釈［五十嵐海理］　7. アイロニーにおける言語表現の選択と解釈［春木茂宏］
 8. ジョークにおける言語表現の選択と解釈［東森 勲］

上記価格（税別）は2017年2月現在